KB162761

왜 정조는 화성을
쌓았을까?

교과서 속 역사 이야기, 법정에 서다

39
역사공화국
한국사법정

정순 왕후 vs 정조

왜 정조는 화성을 쌓았을까?

글 김준혁 | 그림 이남고

|주|자음과모음

여러분! 조선 시대 성군 하면 누가 떠오르나요?

아마도 대부분 훈민정음을 창제한 세종 대왕을 말할 거예요. 그럼 그다음으로 세종 대왕과 비교할 수 있는 국왕으로는 누가 있을까요?

개중에는 성종이나 숙종을 이야기할 수도 있겠지만 대부분의 친구들은 이렇게 말할 거예요.

"정조 대왕입니다."

우리나라 사람들은 조선 시대의 가장 훌륭한 국왕으로 세종 대왕과 정조 대왕을 떠올립니다.

실제로 두 분은 비슷한 정책을 많이 만들었어요. 그리고 정조 대왕이 세종 대왕을 자신의 본보기로 삼은 것 또한 사실입니다.

두 분은 평생을 백성을 위한 정책을 만들기 위해 노력하였지요. 그리고 학문을 육성하고 국방을 강화하기 위해 많은 노력을 하였답니다.

그런데 이 두 분은 국왕이 되는 과정에서 많은 차이가 있었습니다. 세종 대왕은 아버지 태종이 상왕으로 있으면서 아들인 세종 대왕이 안정되게 왕 노릇을 할 수 있도록 기반을 다져 주었어요. 이를 토대로 세종 대왕은 조선 역사상 가장 위대한 국왕이 될 수 있었습니다. 이와는 반대로 정조는 아버지인 사도 세자가 당파 싸움으로 인해 뒤주 속에서 죽었고, 동궁 시절부터 늘 죽음의 위험 속에 있었습니다. 어린 나이에 동궁이 되어 왕으로 등극하기까지 참 고된 과정을 겪었지요. 또한 당시의 신하들을 살펴보더라도 세종은 조선 역사상 명재상들과 같이할 수 있었던 데 비해 정조는 자기와 견해를 달리하는 노론 벽파의 견제 속에 추진하고자 하는 여러 정책들이 한계에 부딪힐 수밖에 없었어요. 그럼에도 정조는 세종과 더불어 조선 시대 최고의 국왕으로 평가받게 되었지요.

최근 정조에 대한 여러 가지 이야기들이 나오고 있어요. 정조가 국왕의 권한을 강화하기 위해 무리한 정치를 했다는 것입니다. 그런 이야기는 정조가 실시했던 정책들이 백성들을 위한 것이 아니라 정조 개인의 왕권 강화를 위한 것이었다는 의미로 비칠 수도 있습니다.

그래서 정조에 대한 여러 가지 이야기들을 역사공화국 법정에서 가려보고자 합니다. 역사서에 위대한 군왕으로 평가되고 있는 정조와는 또 다른 인간 정조에 대한 많은 사실들을 알게 될 것입니다.

김준혁

차례

책머리에 | 4
교과서에는 | 8
연표 | 10
등장인물 | 12
프롤로그 | 16
미리 알아두기 | 22
소장 | 24

재판 첫째 날 왜 정조는 존현각에서 죽을 뻔했을까?

1. 왜 정순 왕후는 억울하다고 할까? | 28
2. 왜 정조는 이름이 두 개였을까? | 43
열려라, 지식 창고_사도 세자의 묘소를 수원으로 옮긴 까닭은? | 54
휴정 인터뷰 | 55

재판 둘째 날 정조는 백성을 위한 국왕이었나?

1. 규장각은 정조의 친위 세력을 만들기 위해 설치한 것인가? | 60
2. 장용영은 정조의 친위 군영인가? | 82
열려라, 지식 창고_정순 왕후의 간택 | 98
휴정 인터뷰 | 99
역사 유물 돋보기_수원 화성을 만든 일등 공신들 | 102

재판 셋째 날 정조는 왜 화성을 쌓았을까?

1. 화성 축성 시 엄청난 국가 재정이 낭비되었는가? | 108
2. 정조는 왜 어머니 혜경궁의 회갑 잔치를 화성에서 하였을까? | 123
3. 왜 정조는 상왕이 되어 화성으로 내려오려고 했을까? | 134
열려라, 지식 창고_화성은 왜 세계 문화유산이 되었을까? | 146
휴정 인터뷰 | 147

최후 진술 | 150
판결문 | 154
에필로그 | 156
떠나자, 체험 탐방! | 162
한 걸음 더! 역사 논술 | 164
찾아보기 | 168

정조는 정국 운영을 군주가 주도해야 한다는 신념으로 왕권을 유지할 수 있는 힘을 확보하고자 하였다. 정조는 규장각을 설치하고 친위 부대로 장용영을 설치하고 수원에 화성을 쌓았다.

중학교 역사

I. 조선 사회의 변동
　2. 영조와 정조의 개혁과 탕평책

정조는 아버지 사도 세자의 묘를 당시 수원도호부 관아가 있는 지역으로 옮기고 오늘날의 수원의 중심지인 팔달산 일대에 새로 읍성을 쌓아 이름을 화성유수부라고 하였다. 이로써 계획 도시인 화성이 새로 건설되었다. 수원으로 묘를 옮긴 후 정조는 아버지의 묘에 성묘한다는 명분으로 11년 동안 12차례나 수원을 찾았다.

정조는 집권 초기에 권세를 누리던 외척 세력을 제거한 후 탕평책을 실시하였다. 정조는 강한 왕권을 바탕으로 여러 가지 개혁 정책을 추진하였는데, 수령이 향약을 직접 주관하게 하여 지방 사족들의 향촌 지배력을 억제하기도 하였다.

| 고등학교 | 한국사 | Ⅲ. 조선 사회의 변화와 서양 열강의 침략적 접근
2. 조선에서도 근대의 기운이 움트다
　(1) 영·정조, 탕평책을 통해 정국을 주도하다 |

정조는 서얼 출신 학자를 규장각 검서관에 기용하고 공노비의 해방을 추진하는 등 서얼과 노비에 대한 차별을 개선하기 위해 노력했다. 하지만 탕평책은 왕권에 의존하여 붕당 간의 정쟁을 조정하는데 한계가 있었다.

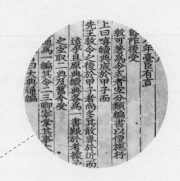

1776년	정조 즉위 규장각 설치
1778년	노비 추쇄관 혁파 서얼 허통 실시
1781년	초계문신 제도 공표
1782년	원자(문효 세자) 탄생
1785년	장용위 설치 『대전통편』 완성 문효 세자 사망
1788년	장용위를 장용영으로 개칭
1789년	사도 세자의 묘 현륭원 천봉 수원 도호부 신읍치 이전
1790년	용주사 건축 순조 탄생
1791년	신해통공 공표
1792년	정약용, 화성 설계
1793년	수원 도호부, 화성 유수부로 승격
1794년	화성 축성 시작
1795년	화성 행궁에서 혜경궁 회갑연 개최 만석거 완공
1796년	화성 완공
1800년	정조 승하

1776년	미국, 독립 선언 영국, 애덤 스미스『국부론』저술

1782년	중국,『사고전서』완성
1783년	파리 조약으로 미국 독립 승인
1787년	러시아, 오스만 튀르크와 전쟁 시작
1788년	칸트,『실천 이성 비판』저술
1789년	프랑스 대혁명 미국, 조지 워싱턴이 초대 대통령 취임

1791년	아메리카합중국 은행 설립 독일, 괴테의 궁정 극장 감독 취임 고전주의 연극 시작
1793년	루이 16세, 마리 앙투아네트 처형
1795년	영국, 케이프타운 점령 중국, 건륭제가 가경제에게 양위
1796년	영국, 에드워드 제너가 종두법 개발
1799년	중국, 건륭제 사망 프랑스, 나폴레옹이 대통령으로 즉위

원고 정순 왕후(1745년~1805년)

나는 조선의 21대 왕인 영조의 계비였어요. 영조 임금은 나보다 나이가 50세나 많았지만, 나는 나라의 왕실을 위해 모든 걸 감수하고 결혼했지요. 그리고 정조가 왕이 되기까지 물심양면으로 도와주었습니다. 그런 이 할머니를 정조는 왕이 되고 나서는 무시하면서 조용히 지내라고 압박했습니다.

원고 측 변호사 김딴지

딴죽 걸기의 명수 김딴지 변호사입니다. 나는 사람들에게 알려진 역사가 완전한 진실이라고는 믿지 않아요. 오늘 재판에서 세종과 더불어 조선을 대표하는 성군으로 인정받고 있는 정조를 상대로 재판해야 한다는 것이 여간 부담스럽지 않지만, 그래도 역사적 소명감을 가지고 열심히 하겠습니다.

원고 측 증인 구선복

나는 1718년(숙종 44) 무과에 급제하여 벼슬길에 올라 영조 임금 때는 훈련대장, 병조 판서 등을 지내기도 했습니다. 그러다 1786년(정조 10)에 상계군인 담을 국왕으로 추대하려다 발각되어 끔찍한 형벌을 받고 죽음에 이르렀습니다.

원고 측 증인 태종

나는 조선의 제3대 왕입니다. 정조가 화성을 쌓으면서 상왕으로 물러나려 한 이유가 무엇인지 저도 궁금했었는데, 이 재판에 증인으로 불러 줘서 참석하게 되었습니다.

원고 측 증인 김종수

나는 조선 후기의 문신으로 영조 임금 때 당파를 일으킨 죄로 유배되었다가, 정조 임금이 등극하신 후 저를 부르시기에 기쁜 마음으로 조정에 들어가 많은 관직을 역임했습니다. 그렇지만 정조 임금이 규장각을 통해 모든 국정을 운영하시는 건 정말 이해가 되지 않았습니다.

피고 정조(1752년~1800년, 재위 : 1776년~1800년)

나는 조선의 제22대 국왕으로 이름은 이산입니다. 억울
하게 돌아가신 사도 세자의 아들이기도 합니다. 할아버
지 영조 임금의 뒤를 이어 국왕으로 등극했습니다. 국
왕이 되어서는 규장각을 설치하여 민생 안정과 문예 부
흥을 위한 여러 가지 정책을 추진했지요. 조선의 세종
임금과 함께 위대한 국왕으로 평가받고 있지요.

피고 측 변호사 이대로

나는 역사공화국의 이름난 변호사 이대로입니다. 기
존의 역사적 평가에는 다 이유가 있다고 생각해요.
역사적 진실은 쉽게 변하는 게 아니니까요. 이번 재
판에서도 나의 활약을 기대해 주세요.

피고 측 증인 백동수

조선 제일의 무사 백동수입니다. 최근 드라마에서 나
를 주인공으로 방송이 되고 있어요. 하하! 뛰어난 무
술 실력을 갖고 있었지만 서얼 출신이라 관직 진출에
제한을 받아 노심초사하고 있던 차에 정조 임금께서
나를 신임해 장용영의 토대를 만드는 데 정말 열심히
했습니다.

나는 다산이라는 호로도 많이 알려진 조선 후기의 학자 겸 문신입니다. 서학이라고 불리는 천주교를 통해 서양의 과학 지식을 받아들이는 데 관심이 많았어요. 『목민심서』, 『경세유표』 등 500권의 저술을 남기기도 했지요.

나는 서자로 태어났지만 적자와 서자를 가리지 않고 인재를 등용하려는 정조 임금의 뜻에 따라 규장각 검서관 등 여러 벼슬을 거쳤어요. 실학자로 청나라의 문물 수용과 중상주의 경제 정책을 주장해 정조 임금께서 농업과 상업 활동을 적극 장려하시는 데 여러 가지 정책을 건의하기도 했지요.

나는 뛰어난 경륜으로 영조 임금과 정조 임금의 국정 중심에서 의미 있는 개혁을 주도했던 재상입니다. 특히 정조 임금의 탕평책을 추진한 핵심 인물로 꼽히지요.

"나 정순 왕후,
정조 임금을 법정에 세워야겠소"

"안녕하세요, 변호사님!"

길거리를 지나가기만 하면 아는 체하는 사람들이 날이면 날마다 늘어난다.

김딴지 변호사는 자신에게 아는 체를 하는 시민들을 보며 싱긋 웃음을 던진다. 그리고 턱을 당기고 더 당당하게 길을 걸어간다.

김딴지 변호사는 처음에는 자신을 알아보는 사람들이 신기했지만 이제는 너무도 당연한 것으로 생각하고 있다. 그리고 스스로 역사공화국의 대표 변호사임을 너무도 자랑스럽게 생각하고 있다.

역사공화국에서 동서양을 막론하고 역사 인물을 변호하면서 스타로 떠올라 어디 가든 인사를 받는 김딴지 변호사! 그런데 그에게 말 못할 고민이 하나 생겼다. 역사공화국에서 많은 일을 하다 보니 가족들과 함께 대화할 시간을 가지지 못한 것이다.

　유명해지기 전에는 아이들과 놀이공원도 가고 등산도 가면서 좋은 아버지 노릇을 했는데, 이제 자신은 유명해졌지만 아이들에게 아버지로서의 역할을 못하게 된 것이다.

　그래서 오늘은 아버지 노릇을 제대로 하기로 마음먹었다. 어린 시절부터 역사 공부를 좋아했던 김딴지 변호사는 아이들에게 세계 문화유산인 조선 왕릉을 보여 주기 위해 동구릉으로 향했다.

　김딴지 변호사는 딸과 아들을 하나씩 두었다. 아이들 모두 아버지를 닮아서인지 역사에 대한 관심이 많았다. 초등학교에 다니는 녀석들이 사람들로부터 똑똑하다는 소리를 듣는 것은 아무래도 역사에 대한 관심이 많아서일 것이다.

　아이들이 놀이공원도 아닌 왕릉을 가자고 하는데 실망하지 않고 기뻐하면서 함께 여행을 떠나 준 것에 김딴지 변호사는 흥분되어 있었다.

　'내가 그동안 공부한 것을 다 알려줘야지. 아빠가 역사에 대해 얼마나 많은 내용을 알고 있는지 너희들은 모를 거야! 하하!'

　김딴지 변호사는 정말로 신이 났다. 그간 역사공화국에서 변호사 일을 하면서 전문가들과 만나 토론하고 여러 가지 책을 보면서 스스로 전문가의 반열에 올랐다고 생각하고 있었기 때문에 오랜만에 아이들에게 자랑하고 싶어 미칠 지경이었다.

　김딴지 변호사는 동구릉으로 들어가 다른 왕릉을 제치고 태조 이성계의 건원릉에 가서 참배했다. 아이들에게 왕릉 봉분 위의 갈대에 대한 설명을 하면서 우쭐한 기분을 감출 수 없었다.

"우리 아빠 최고야"라는 소리를 들으며 왕릉 숲을 지나 영조의 원릉에 이르렀다. 그 순간 갑자기 안개가 끼기 시작하였다. 점점 안개가 짙어지면서 영화에서나 나올 것 같은 신비로운 분위기가 만들어졌다.

김딴지 변호사는 갑작스런 분위기에 흠칫 놀라고 말았다. 그런데 그보다 더 놀라운 것은 왕릉에서 한 여인이 나오고 있는 것이었다. 화려한 왕실 복식을 하고 있는 여인은 보통의 여인이 아닌 것으로 느껴졌다.

"어어! 당신은 누구인가요? 귀신인가요, 사람인가요?"

"나는 영조 임금의 두 번째 왕비인 정순 왕후라고 하오. 김 변호사 당신을 만나려고 오늘 이곳으로 불렀소."

"아니, 당신이 그 유명한 정순 왕후! 그럼 내가 오늘 동구릉에 오게 된 것이 모두 당신의 뜻이었습니까?"

"그렇다오! 내가 그동안 하도 억울해서 이곳 원릉에 누워 있어도 잠이 오지 않았소. 그래서 옥황상제께 역사공화국에 나가 소송을 하게 해 달라고 부탁했지요. 그리고 역사공화국 최고의 변호사인 당신을 이리로 불러낸 거요."

"좋습니다. 어쨌든 덕분에 아이들하고 왕릉 구경을 하게 되었으니 감사합니다. 근데 무엇이 그렇게 억울해서 법정 소송을 하려고 하시는 것입니까?"

"내가 죽은 이후에 많은 사람들이 내가 손자인 정조를 죽였다, 내

　왜 정조는 화성을 쌓았을까?

가 정조의 개혁 정치를 망쳤다, 내가 노론의 우두머리다 등등 정말
엉터리 이야기가 많아 억울해서 분을 참을 수가 없었소."

"그래요. 세상에는 그렇게 알려져 있는 것이 사실인데…… 쩝쩝."

"아니오. 사실은 그렇지 않아요. 내가 어린 나이에 왕비로 들어가
어린 손자인 정조를 보호해 주기 위해 얼마나 노력했는지 아오? 내
남편인 영조 임금이 돌아가시고 손자인 정조가 조선의 22대 국왕이
될 때도 내 도움이 없었으면 왕이 될 수 없었소. 그리고 신하들이 정
조의 동생을 국왕으로 추대하려고 음모를 꾸밀 때도 다 내가 막아

준 거요. 정조는 나를 위하는 척했지만 나를 꼼짝 못하게 했소. 그는 이중 인격자요!"

"위대한 군주 정조가 이중 인격자라니 말이 돼요?"

"내가 정조를 위해 얼마나 많은 도움을 주었는데. 그런 공을 모르고 엉터리 방송 작가들이 드라마를 만들면서 나를 나쁜 사람으로 만든 거요. 그래서 난 소송을 통해서라도 바로잡고 싶소. 세상 사람들은 모두 정조 편이오. 개혁 군주다, 백성을 위한 군주다 하면서 말이오. 정조는 이런 세상 사람들의 소리를 은근히 즐기고 있소. 이제 잘못 알려진 역사를 바로잡아야겠소."

김딴지 변호사도 그동안 정순 왕후에 대하여 그리 좋은 생각을 가지고 있지 않았다. 그런데 이렇게 무덤에서 나와 억울함을 호소하는 왕비의 모습을 보니 진실성이 느껴졌다.

"정말 그렇게 억울합니까? 그리고 정조가 우리가 알고 있는 것과 다른 부분이 정말 있는 것입니까?"

"내가 죽은 지 200년이나 지나 왜 당신 앞에 나섰겠소? 난 진실을 밝히고 싶을 뿐이오. 내가 정말 권력을 탐해서 사도 세자를 죽이는 데 앞장서고 정조의 개혁 정치를 방해한 인물이 아니라는 것을 알리고 싶소. 나를 도와주시오!"

"좋습니다. 저 역시 정조 대왕을 좋아하지만 그가 그렇게 문제가 있는 국왕이라면 이 소송을 맡겠습니다. 당분간 아이들과 함께 지낼 수는 없겠지만 역사를 바로잡기 위해서라면 감수해야지요. 진실을 밝히는 것이 저의 의무입니다. 제가 이 사건을 정식으로 맡겠습니다!"

정조의 개혁 정치

25세의 나이로 왕위에 오른 정조는 어질고 현명하며 의욕이 넘치는 왕이었습니다. 왕권을 강하게 만들고자 했으며 개혁 정치에 앞장섰지요. 정조가 개혁 정치를 할 수 있었던 데에는 홍국영과 장용영, 그리고 규장각의 역할이 매우 컸습니다.

홍국영은 원래 조선 시대에 왕세자의 교육을 담당하던 관청 소속의 문신이었는데, 정조가 왕위에 오르는 데 큰 공을 세웠습니다. 정조의 신임을 얻었던 홍국영은 왕을 호위하는 곳인 '숙위소'를 만들어 정조의 신변 보호에 힘쓰며 그의 곁을 지켰지요. 그러나 홍국영은 왕의 신임을 믿고 횡포를 부리다 결국 몰락하게 되고, 숙위소 또한 혁파된 뒤 새로운 호위 부대인 장용위(후의 장용영)가 들어서게 됩니다. 이렇게 자신을 지켜 주는 부대를 갖춘 뒤 정조는 왕권을 강화해 더욱 강력한 개혁을 펼칠 수 있었지요.

또한 정조는 당시 양반과 천민 사이에서 태어난 서얼에 대한 차별을 눈여겨보았습니다. 당시 서얼은 관직에 등용되기 어려웠지요. 하지만 정조는 자신이 세운 왕실 도서관이자 국왕 직속의 학술 기관인 규장각에 서얼 출신을 임명합니다. 서얼 출신으로 규장각의 벼슬아치가 된 이덕무, 박제가, 유득공, 서이수는 누구보다 열심히 일하여 정조의 신임을 받습니다. 이들은 정조를 도와 개혁 정치에 앞장섰지요.

이처럼 정조는 자신의 버팀목이 될 인물과 기관을 만들고 자신이 만들고자 하는 조선을 만들기 위해 노력하였습니다. 정조는 노론이 득세하고 있는 당시 상황에서 남인과 소론을 등용하였습니다. 탕평책으로 붕당에 관련 없이 인재를 등용한 것이지요. 그리고 아버지 사도 세자의 묘소를 이장하여 왕릉의 규모로 꾸미고 그 근처에 수원 화성을 건립합니다. 수원 화성은 기존에 화강암으로 쌓았던 방식을 버리고 벽돌로 쌓는 등 새로운 방법이 많이 사용되었습니다. 특히 수원 화성은 정약용이 고안한 거중기와 동차, 대거(큰 수레) 등이 사용된 조선 과학 기술의 집합체이기도 하지요.

창덕궁 후원 부용지 주변에 세워진
규장각(2층 건물의 1층)과 서향각

| 원고 | 정순 왕후 | 대리인 | 김딴지 변호사 |
| 피고 | 정조 | 대리인 | 이대로 변호사 |

청구 내용

왕이란 무엇입니까? 백성을 위한 마음과 실천으로 나라를 다스려야 하는 것이 바로 왕입니다. 정치를 안정시키고 나라 경제를 안정시켜 백성들이 평화롭게 살아가게 만드는 것이 바로 왕의 도리입니다. 그런 측면에서 정조는 정치를 안정시킨 탕평 군주에다 학문을 발전시킨 호학의 군주라고 알려져 있습니다. 하지만 그것은 정조의 진실된 모습을 모르고 하는 소리입니다. 정조는 당파를 없애 백성을 위한 나라를 만들겠다는 탕평책을 내세우면서 실제로는 자신의 당파를 만들고 신하들을 통제하려고 했습니다.

거기다가 학문을 육성한다고 규장각을 설치한 뒤 이를 자신의 정치적 도구로 만들었습니다. 중앙 오군영이 있음에도 자신만을 위한 군대 장용영을 만들어 군사력을 강화시켰습니다. 또한 신도시 화성을 만들어 조선을 새롭게 바꾸고 백성들을 행복하게 하겠다고 하였지만, 이는 결국 자신의 친위 도시를 만들어 자기 마음대로 조선을 농락하고자 한 것이었습니다. 자신은 조선 최고의 효자로 소문이 나 있지만 할머니인 나 정순 왕후를 핍박하였습니다. 결국 정조는 위선자이고 조선의 정치를 망하게 만든 왕입니다.

지금까지 모든 역사 기록에서 정조를 높이 평가하였지만 나는 이제 그의 잘못된 모습을 드러내고자 합니다. 그가 백성을 위해 추진했다는 개혁 정책들이 잘못된 것이었음을 알려주겠습니다. 그래서 정조의 반대 세력이었던 사람들의 명예를 회복시켜 역사를 올바르게 세우도록 하겠습니다.

나는 이미 죽은 몸입니다. 그리고 지금까지 온갖 책과 드라마에서 악역으로 나왔습니다. 그러나 진실을 밝힘으로써 나의 명예뿐만 아니라 나와 함께했던 노론 벽파의 명예 또한 밝히고자 합니다. 나는 정조의 실체와 잘못된 역사를 바로잡기 위해 이 소장을 올립니다.

입증 자료

- 중학교 역사 교과서
- 고등학교 한국사 교과서
  그 외 자료 추후 제출하겠음.

위 청구인 정순 왕후
역사공화국 한국사법정 귀중

정조 1년(1777년 정유년) 7월 존현각

밖에 무슨 일이 있는 것이냐?

왜 정조는 존현각에서
죽을 뻔했을까?

1. 왜 정순 왕후는 억울하다고 할까?
2. 왜 정조는 이름이 두 개였을까?

교과연계

역사
Ⅰ. 조선 사회의 변동
　2. 영조와 정조의 개혁과 탕평책

왜 정순 왕후는
억울하다고 할까?

"이번 재판은 정말 말도 안 돼!"

"아니, 왜 재판이 말도 안 된다는 거야?"

"생각해 봐. 할머니가 손자를 고소한 사건이 말이 된다고 생각해?"

"할머니가 손자를 고소한 거야? 정말 말도 안 된다. 어떻게 그럴 수가 있어? 우리 할머니는 내가 갓난쟁이일 때 매일같이 업어 주고 밥 먹여 주고, 얼마나 나를 좋아했는데."

"그러게 말이야. 그게 원래 할머니와 손자 간의 일반적인 모습인데, 이번 재판의 주인공들은 전혀 그런 관계가 아닌가 봐."

"그럼 혹시 두 사람이 돈 때문에 그러는 거야?"

"아닌 것 같아. 두 사람 중 한 명은 조선 시대 임금이야."

"어떤 임금인데?"

"혹시 정조 이산이라고 들어 봤어?"

"정조 이산이 뭐야? 임금님 이름을 그렇게 부르는 사람이 어디 있어?"

"어, 왜 이래! 예전에 정조 임금의 일대기를 그린 〈이산〉이라는 드라마가 있었어. 그래서 그 드라마를 본 사람들은 모두 정조를 이산이라고 해."

"그래도 그렇지! 원래 임금님 이름은 부르지 않는 거야. 조선 시대 과거 시험에서 답지에 여러 한자를 쓰다가 임금님 이름이 들어가면 무조건 낙방이야. 그만큼 임금님 이름은 존귀한 거라 안 쓰는 거야. 그냥 정조 대왕 혹은 호가 홍재이니 홍재 임금님, 뭐 그러는 거야. 정조의 할머니라면 정순 왕후 김씨인데 두 사람이 재판을 하는군."

"어쨌든 나는 할머니와 손자가 재판을 한다고 해서 멀리 프랑스에서 보러 왔어. 세계적으로도 이런 경우는 별로 없거든."

"그래, 정말 드문 일이야. 하긴, 할머니가 손자를 독살했다는 소문이 200년이 지난 오늘까지 들리긴 하더군."

"정말 손자를 독살했어? 이 할머니 나쁜 사람이잖아! 그러면서 어떻게 손자를 고소해서 재판을 하겠다는 거야?"

"아니, 독살이 사실이라는 것은 아니야. 그런 말이 있다는 거지. 당시 정조가 죽었을 때 정조를 지지하던 세력들이 정순 왕후가 독살했다고 난리를 일으키기도 했어!"

"어쨌든 정말 재미있는 재판이 되겠다. 누가 이기는지 보자고!"

'벌써부터 시끄럽군. 방청석에 앉아 있는 사람들이 재판에 대해

쑥덕공론하면 판사인 내가 왜 필요해. 할머니와 손자의 재판을 맡아 가지고 오늘부터 고생깨나 하겠네! 근데 두 사람이 그렇게 안 좋은 사이였나?'

곰곰이 생각하면서 판사가 법정에 들어왔다. 자리에 앉자마자 원고 측 변호인인 김딴지 변호사에게 사건의 개요를 물었다.

판사 원고 측 변호인, 오늘의 사건에 대해 간단히 들려주세요.

김딴지 변호사 네, 판사님. 조선 제21대 국왕인 영조의 계비였던 정순 왕후가 손자이자 조선 제22대 국왕이었던 정조를 상대로 소송을 제기한 사건입니다.

판사 할머니 정순 왕후가 손자 정조를 상대로 소송을 제기한 사건이군요. 할머니가 손자를 상대로 소송을 제기하는 것은 흔한 일이 아닌데, 어떤 이유로 소송을 제기했나요?

김딴지 변호사 오늘날 정조는 백성을 위한 개혁 군주로 알려져 있습니다. 물론 일부 잘한 것도 있겠죠. 하지만 피고는 그런 사람이 아닙니다. 사기꾼에 패륜아입니다. 피고는 백성을 위한다고 하면서 조선 시대의 아름다운 ▶붕당 정치를 없애고 국왕의 권한을 강화시켜 일인 독재를 하려고 했습니다. 거기에 더해서 할머니를 잘 대우하지 않고 핍박하였습니다. 그래서 권력을 장악하여 자신만을 위한

붕당 정치

조선 시대 당쟁을 붕당 정치라고 하였습니다. 붕당이란 군자들이 만든 당과 소인들이 만든 당이 있어 어진 마음을 가진 군자들이 나쁜 마음을 먹은 소인들을 지도하여 백성을 위한 정치를 한다는 것입니다. 그렇기 때문에 모든 당파들은 자신들이 군자당이라고 생각했어요.

교과서에는

▶ 조선 후기에 이르러 붕당 정치가 변질되어 가면서 양반 상호 간에 일어난 정치적 갈등은 양반층의 분화를 가져왔고 나아가 권력을 장악한 일부의 양반을 제외한 다수의 양반들이 몰락하는 계기가 되었습니다. 정권에서 밀려난 양반들은 관직에 등용될 기회를 얻지 못한 채 향촌 사회에서 겨우 위세를 유지하는 향반이 되거나 더욱 몰락하여 잔반이 되기도 하였습니다.

정치를 하여 백성들을 기만한 것과 효도를 하지 않은 잘못을 따지고
자 소송을 제기하였습니다.

판사　　세상에! 우리 역사상 세종 대왕과 더불어 가장 위대한 국왕
으로 평가받는 정조가 사기꾼에다 패륜아라니! 그렇다면 정말 이 재
판은 너무도 중요한 재판이 되겠군요. 저 역시 공정한 재판을 하도
록 최선을 다해야겠군요.

김딴지 변호사　　오늘 재판은 피고의 가면을 벗기고 그가 백성을 위
한 군주, 극진한 효자 군주가 아니라는 것을 적나라하게 밝히는 자

리가 될 것입니다.

이대로 변호사　　판사님! 이의 있습니다. 지금 재판을 시작하기도 전에 피고를 사기꾼에 패륜아로 생각하게 만드는 김딴지 변호사의 주장은 잘못된 것입니다. 우리나라 역사가들이 모두 거짓말쟁이입니까? 백성을 위해서 노력했던 그 많은 실학자들이 모두 가짜인가요? 그들이 모두 정조를 위대한 국왕이라고 평가하지 않았습니까? 이런 사실만 보아도 원고 측 주장이 억지이며 자신들의 잘못을 감추려는 나쁜 의도가 숨어 있다고 판단됩니다.

판사　　피고 측 변호인의 이야기를 들어 보니 그것도 충분히 일리가 있습니다. 저도 역사에 해박한 지식을 가지고 있는 것은 아니지만 우리 역사책에 정조가 좋은 이미지로 기록되어 있었던 걸로 기억합니다.

이대로 변호사　　그렇습니다. 그렇기 때문에 이 재판은 오히려 피고가 얼마나 어려운 처지에서 국왕이 되어 백성을 위한 정책을 실현하고자 노력했는지 밝히는 자리가 되어야 할 것으로 생각합니다.

판사　　그것은 피고 측 변호인의 능력이겠죠. 어쨌든 원고와 피고의 이야기를 들어 보면서 원고 측의 소송 내용이 맞는 것인지 피고 측의 반론이 맞는 것인지 확인하겠습니다. 이제 재판을 시작하죠. 먼저 소송을 건 원고 측부터 시작하세요!

김딴지 변호사　　먼저 오늘 소송을 제기하신 원고, 정순 왕후를 불러 이야기를 듣도록 하겠습니다.

판사　　좋습니다. 원고의 진술을 듣도록 하지요.

정순 왕후가 자리에서 일어나자 방청석에도 엄숙한 분위기가 흘렀다.

김딴지 변호사　　원고는 언제 궁에 들어가셨습니까?
정순 왕후　　제가 궁에 들어와 조선의 국모가 된 것은 제 나이 15세 때입니다. 요즘 서기력으로 표현하면 1759년 6월이었습니다. 당시 영조 임금의 나이가 65세였으니 저와 무려 50살이나 차이가 났습니다.

　방청석에서 갑자기 웅성거리기 시작했다. "아니 50살이나 차이가 난단 말이야? 그런 결혼이 어디 있어? 저 여자는 권력을 얻기 위해 결혼한 것이 틀림없어" 등등의 이야기가 들리기 시작하였다.

판사　　방청객 여러분은 조용히 하십시오. 여기는 법정입니다. 원고 측 변호인은 계속 신문하도록 하세요.
김딴지 변호사　　고맙습니다. 원고와 영조는 정말 나이 차이가 많이 나는군요. 그런데도 굳이 결혼한 이유는 무엇입니까?
정순 왕후　　저는 오로지 전하를 위해서 결혼한 것입니다. 나라의 임금에게 왕비가 없다면 얼마나 힘드시겠습니까? 임금이 힘들면 백성을 위해서도 좋은 일이 아닙니다. 그래서 왕실의 안녕과 백성들의 삶을 위해 제 한 몸을 희생하기로 마음먹고 비록 50살이나 차이가 나지만 결혼을 하게 된 것입니다.
김딴지 변호사　　결혼 생활은 행복하셨나요?

정순 왕후　　우리 부부는 일반적인 부부가 아니잖습니까? 우리는
나라의 아버지인 왕과 나라의 어머니인 왕비 부부입니다. 부부 간의
즐거움보다 백성들을 위한 일을 하다 보면 때론 기쁘기도 하고 때론
슬픈 일도 있죠.

김딴지 변호사　　말씀을 듣고 보니 오로지 왕실과 백성을 위해 자신
의 모든 것을 희생한 분이라는 것을 알 수 있습니다. 그렇다면 여기
피고석에 앉아 있는 정조를 언제부터 알게 되었나요?

　　왜 정조는 화성을 쌓았을까?

정순 왕후 결혼할 당시 정조는 여덟 살 소년이었죠. **왕 세손**으로 교육을 많이 받아서인지 몹시 의젓하고 똑똑했어요. 그때부터 손자인 정조에게 모든 정성을 다 쏟아서 잘해 주었죠. 그런데 나중에 저를 배신하고 말았어요.

김딴지 변호사 영조의 아들인 사도 세자와 **세자빈인 혜 경궁**과의 관계는 어땠습니까?

정순 왕후 사도 세자와 세자빈인 혜경궁은 저보다 열 살이 많았습니다. 두 부부도 저를 잘 받들었어요. 제 남편인 영조 임금께서 저를 무척이나 사랑하셨거든요. 그러니 세자와 세자빈도 아무리 제가 나이가 어리다고 해도 어머니로서 대우를 깍듯이 했어요.

김딴지 변호사 그런데 어떻게 피고 정조가 원고를 핍박하고 배신할 수 있었죠?

정순 왕후 글쎄 말입니다. 제가 이해가 되지 않는 것이 그것입니다. 손자인 정조가 영조 임금의 명으로 **대리청정**을 할 때 은근히 제가 도움을 주었어요. 제 오라버니인 김 귀주가 반대 세력들을 혼내 주기도 했죠. 조정의 여러 신하들이 저를 신뢰했습니다. 그래서 조정 신하들이 여러 일에 대해 자문해 오면 제가 해결책을 찾아 주었죠.

김딴지 변호사 상당한 영향력이 있었던 모양이군요.

정순 왕후는 우쭐한 모습으로 기고만장한 표정을 지으며 손을 휘

왕세손
왕의 뒤를 이을 왕자를 세자라고 해요. 세자의 큰 아들을 왕세손이라고 합니다. 훗날 사도 세자가 죽고 왕세손인 정조가 세자가 되었지요.

세자빈
왕세자의 부인을 말합니다. 세자가 훗날 왕이 되면 세자빈은 왕비로 승격됩니다.

혜경궁
사도 세자의 빈이고 정조의 어머니로 시호는 헌경 왕후예요. 혜경궁 홍씨로 널리 알려져 있지요. 사도 세자가 참변을 당한 일을 회고하여 『한중록』을 썼습니다.

대리청정
왕이 연로하거나 몸이 안 좋아서 임무를 수행하기 힘들 때 세자로 하여금 대신 업무를 보게 하는 것이 대리청정입니다. 사도 세자는 영조를 대신해서 15세에 대리청정을 하였고, 정조는 영조를 대신해서 24세에 대리청정을 하였어요.

교지
왕의 명령을 전달하는 문서를 말합니다.

대비
대비란 국왕의 어머니를 말해요. 정순 왕후는 국왕의 할머니이기 때문에 대왕 대비가 됩니다. 당시에 대왕 대비로 불리었는데 모든 대비들을 통칭하여 대비라고 부르지요.

휘 내저었다.

정순 왕후　　영향력이 있다기보다 제가 판단력이 조금 있어서 노론 세력들이 도움을 요청하면 도와준 것뿐입니다. 조정의 일에 크게 관여한 것은 아니고요. 영조 임금이 돌아가셨을 때 제가 옥쇄를 가지고 있다가 세손을 조선의 국왕으로 임명한다고 교지를 내려 주어 피고에게 큰 도움을 주었어요.

김딴지 변호사　　국왕 임명의 교지를 내려 주었다니 그게 무슨 말씀이신가요?

정순 왕후　　아! 교지를 내려 준 것 말씀이시군요. 조선 시대 왕실의 법도를 모르는 분들은 잘 이해가 안 가실 것입니다. 원래 국왕이 죽으면 왕실에서 가장 어른이 옥쇄를 받아서 국왕이 죽은 지 6일 뒤에 '새로운 국왕으로 누구를 임명한다'라는 교지를 내립니다. 보통 세자가 있기 때문에 세자를 임명하는 경우가 대부분이죠. 어쨌든 대비인 제가 당시 왕실의 최고 어른이었으니 제가 영조 임금의 뒤를 잇는 국왕을 임명할 권한이 있었지요.

김딴지 변호사　　증인의 이야기대로라면 대리청정을 하던 피고 정조는 가만히 있어도 국왕이 될 사람이 아니었나요? 그게 그렇게 큰 도움이 되었습니까?

정순 왕후　　절대 그렇지가 않아요. 피고는 세손 시절부터 지지 세력이 약했어요. 잘 아시잖아요. 피고의 친아버지가 어떻게 죽었는지

요. 피고의 아버지가 사도 세자였으며 죄인으로 뒤주에 갇혀 죽지 않았습니까? 그러니 당시에 대리청정할 때부터 국왕이 될 때까지 '죄인지자 불위군왕(罪人之子 不爲君王)' 즉 '죄인의 아들은 군왕이 될 수 없다'는 말이 전국에 떠들썩하게 돌아다녔어요. 그래서 비록 선대왕인 영조 임금의 손자였지만 국왕이 못 되게 하려는 세력이 많았어요. 작은 외할아버지인 홍인한이나 고모인 화완 옹주 그리고 사촌 동생인 정후겸 등도 피고의 국왕 등극을 막으려 했거든요. 그런 상황에서 제가 도와주었으니 얼마나 대단한 일입니까?

옹주

왕과 왕비 사이에서 난 딸은 공주, 왕과 후궁 사이에서 난 딸은 옹주라고 해요. 세자와 세자빈 사이에서 난 딸은 군주, 세자와 정식 세자빈이 아닌 후처 양제 사이에서 난 딸은 현주라고 합니다.

김딴지 변호사　증인의 말씀을 듣고 보니 거의 생명의 은인이나 마찬가지이군요. 그런데 피고가 어떻게 증인을 배신하였나요?

　　김딴지 변호사의 질문을 듣자마자 정순 왕후는 피고석에 앉아 있는 정조를 째려보더니 대성통곡하기 시작하였다.

판사　증인, 신성한 법정에서 갑자기 울면 어떡합니까! 울음을 멈추고 차분히 질문에 답변해 주세요.

　　정순 왕후는 울음을 그치고 손수건을 꺼내 눈물을 닦고 고개를 들어 정조를 한 번 더 째려보았다.

정순 왕후　저 패륜아인 피고 정조는 할머니인 저를 농락했습니다. 저와 저의 친정 식구들이 피고가 국왕이 되도록 그렇게 도와주었는데 얼마 뒤에 제 오라버니를 섬으로 유배를 보냈어요. 오라버니는 몇 년 뒤에 유배지에서 죽음을 맞이했죠. 제 유일한 오라버니를 죽게 만든 장본인이 바로 저 피고입니다.

김딴지 변호사　그런 말도 안 되는 일이 어디 있습니까? 피고는 정말 나쁜 사람이군요. 그보다 더한 일도 있었나요?

정순 왕후　그보다 더한 일이 어디 하나둘이겠습니까? 피고는 저에게 어떠한 정치적 발언도 하지 말고 신하들도 만나지 말고 조용히 살라고 협박했어요. 자기를 도와준 할머니에게 감히 할 말입니까?

오죽했으면 제가 수시로 단식을 했겠습니까? 피고는 제가 **노론** 세력을 움직이는 장본인이라고 생각했어요. 조용히 살고 있는 저를 모함한 것이죠. 피고는 자신의 세력을 강화해서 본인을 위한 독재를 하고자 했어요. 오랫동안 조정을 위해 희생한 우리 노론 벽파 세력을 모조리 없애기 위해 나를 음해하고 나의 가족들을 죽인 것입니다.

어이없다는 얼굴로 원고의 진술을 듣고 있던 이대로 변호사가 못 참겠다는 듯 벌떡 일어났다.

이대로 변호사　판사님, 도저히 들을 수가 없습니다. 원고는 거짓말을 하고 있습니다. 원고가 피고인 정조를 도와주고 국왕을 위해 노력했다고 하는 것은 새빨간 거짓말입니다. 저 정순 왕후는 실제로 노론 세력을 좌지우지한 실세였습니다. 판사님! 제가 원고에게 질문할 수 있도록 허락해 주십시오.

김딴지 변호사　무슨 소리입니까? 피고가 원고의 덕으로 국왕이 되었다고 『**명의록**』이라는 책에 기록까지 했고 훗날 피고가 죽었을 때 신하들이 피고의 일대기인 『**정조 행장**』을 쓸 때도 그런 내용을 기록으로 남겨 두었는데 원고가 피고를 위해 도와준 것이 없다고 하니, 이대로 변호사는 지금 공부를 하고 나온 것이 맞습니까?

이대로 변호사　이보세요! 김딴지 변호사, 『명의록』의 그 기록은 당시 피고가 힘이 없어 원고의 눈치를 보느라 그렇게 쓴 것이고, 훗날

노론
조선 후기 4대 당파의 하나입니다. 조선 시대 당파는 선조 대에 동인과 서인으로 나뉘었는데, 그 후 동인은 남인과 북인, 서인은 숙종 대에 노론과 소론으로 나뉘었습니다. 노론은 조선 후기에 중앙 권력을 주도한 대표적인 당파로 평가되지요.

『명의록』
『명의록』은 정조가 왕이 된 이후 저술한 책이에요. 정조가 영조의 뒤를 이어 왕이 된 과정을 기록한 것으로 자신을 도와준 신하들과의 의리를 밝히기 위해 만들었습니다.

『정조 행장』
사람이 죽은 뒤 그 일생 동안의 행적을 적은 기록을 행장이라고 합니다. 정조가 죽고 나서 정리된 전기가 『정조 행장』이지요.

정조가 죽었을 때의 기록은 원고인 정순 왕후가 어린 국왕
을 대신해 수렴청정을 하면서 여군주로 행세할 때라 무서
워서 그런 것이지요. 그건 말도 안 되는 소리예요. 판사님!
제게 원고에게 질문할 시간을 주십시오.

판사   여러 가지 논쟁의 소지가 있는 것 같군요. 원고 측
변호인은 원고에게 충분히 질문한 것 같으니 이제 피고 측
변호인이 질문하십시오.

이대로 변호사   원고는 1777년 7월에 있었던 경희궁 존
현각 침입 사건을 아십니까?

존현각이라는 이름이 나오자 정순 왕후의 얼굴이 노랗게 변하며
법정의 천장을 쳐다보았다.

정순 왕후   존현각이라면 익히 알고 있는 건물입니다. 제가 선대왕
과 경희궁에 있을 때 세손인 피고가 공부하던 곳입니다.

이대로 변호사   존현각에 대해 알고는 계십니다만 정확한 답변을
안 하고 피하시는군요. 경희궁 존현각은 바로 피고가 죽을 뻔했던
장소가 아닙니까?

정순 왕후   무슨 말씀이세요, 피고가 궁궐에서 죽을 뻔하다니요?
제 기억에 그런 일은 없습니다.

이대로 변호사   원고는 참으로 뻔뻔하군요. 원고가 노론 세력들에게
은밀히 지시해서 자객을 보내 존현각에서 공부하는 국왕을 죽이려

한 것 아닙니까? 강월혜, 고상궁, 복문상궁은 원고 처소의 상궁들이 아닙니까? 이 나인들이 궁궐 문을 열어 줘 자객들이 존현각까지 가서 국왕을 죽이려 했는데 이게 원고가 지시한 일이 아니란 말입니까? 결국 국왕을 원고의 말을 잘 듣는 사람으로 바꾸려 한 것 아닙니까?

정순 왕후　　그녀들이 나의 처소에 있는 상궁들인 것은 맞지만 나는 전혀 모르던 일이오. 사람 잡지 마시오. 그리고 국왕을 바꾸다니 말도 안 되는 소리요!

이대로 변호사　　거짓말은 그만하시지요. 원고의 오라버니인 김귀주가 이들과 오랫동안 친분을 맺었다고 다 밝히지 않았습니까? 이제 진실을 이야기하세요.

정순 왕후　　내 오라버니가 친했는지는 몰라도 나는 전혀 모르는 이야기예요.

이대로 변호사　　판사님, 제가 어떠한 질문을 해도 원고는 계속 거짓말을 할 것입니다. 그래서 저는 진실을 밝히기 위해 피고를 신문하고자 합니다.

판사　　이 재판에선 처음부터 원고와 피고를 신문하는군요. 제가 다른 재판을 많이 하였지만 이번처럼 시작부터 긴장이 감도는 재판은 흔치 않습니다. 좋습니다. 피고 정조는 증인석으로 나와 주십시오.

피고 정조가 일어서자 법정의 방청객들 중 상당수가 "전하, 힘내세요, 우리가 있습니다"라고 소리를 질렀다.

2

왜 정조는 이름이
두 개였을까?

판사　방청객 여러분, 다시 소란을 피우면 퇴정시키겠습니다. 모두
조용히 하세요.

이대로 변호사　피고는 먼저 자기소개를 해 주시기 바랍니다.

정조　저는 조선 제22대 국왕 정조입니다. 호는 홍재, 만천명월주
인옹이라 합니다. 1752년에 태어나서 1800년에 죽었으니 49년 동
안 세상에 있었지요. 내 나이 11세에 아버지 사도 세자가 돌아가셨
고, 25세의 나이에 선대왕인 영조의 뒤를 이어 조선의 왕이 되었습
니다.

이대로 변호사　피고는 이름이 분명 이산이었는데 최근에 국립 중
앙 박물관 조선 시대실의 역대 국왕 이름 표기에 '이산 혹은 이성'으
로 되어 있는데, 왜 그렇게 된 것입니까?

정조　제가 이름이 두 개인 것은 참으로 슬픈 운명 때문입니다. 조선 시대의 국왕 중에서 이름이 두 개인 사람들이 몇 명 있기는 합니다. 우리 조선을 건국하신 태조께서 왕이 되기 전에 이성계라는 이름을 썼는데 훗날 왕이 되고 나서 이름을 단이라고 바꾸셨죠. 첫 번째 혹은 으뜸이라는 뜻입니다. 이분은 이름을 한자까지 바꾸었는데, 저는 한자는 그대로 쓰고 음만 바꾸었습니다. 祘 자가 제 이름인데 처음에 산으로 부르다 성으로 부르게 한 것입니다.

이대로 변호사　아니, 그런 일도 있을 수 있습니까? 그렇게 한 특별한 이유가 있나요?

정조　할아버지 영조 임금이 지어 준 산이라는 이름을 제가 왜 바꾸었는지 그 내용을 알면 모두 슬퍼할 것입니다. 저는 1790년 제 나이 39세에 세자인 순조를 보았습니다. 조선 시대 백성들의 평균 수명이 40세이니 저는 거의 죽을 나이가 되어 아들을 본 것입니다. 조선 시대 왕실에서는 후계자가 확실하지 않으면 늘 정치가 불안했습니다. 왜냐하면 여러 당파가 자신들의 입맛에 맞는 종친을 국왕의 후계자로 만들려고 했기 때문입니다. 그래서 아들을 더 낳고 싶은 생각에 풍부하다는 뜻이 담긴 '성'으로 이름을 바꾼 것입니다.

이대로 변호사　피고는 이미 1790년에 순조를 낳았다고 하지 않았습니까? 이미 후계자가 한 명 있는데 또 후계자가 필요하다는 것입니까?

정조　후계자가 한 명 있다 해도 안심할 수 없었습니다. 저 역시

아버지 사도 세자의 둘째 아들입니다. 제 형인 의소 세손
이 다섯 살에 홍역으로 죽었습니다. 제 아버지 사도 세자
도 영조 임금의 둘째 아들입니다. 첫 번째 아들인 효장 세
자가 아홉 살에 홍역으로 죽었습니다. 이처럼 왕실에서도
민간의 백성들처럼 어느 정도 성장해도 홍역으로 죽는 경
우가 비일비재했습니다. 그런데 제 경우 이와는 차이가 있습니다.
제 후계자와 후계자가 될 수 있는 가까운 피붙이들이 대부분 의문사
했거나 어쩔 수 없이 사약을 받고 죽었기 때문에 더 아들을 낳고 싶

효장 세자
영조의 큰아들로 1719년에 태
어나 1728년에 죽었지요. 이름
은 '행'으로 정조가 국왕으로 즉
위한 뒤 '진종'으로 추존하였습
니다.

었던 것입니다.

이대로 변호사   피고는 후계자들이 죽은 것에 음모가 있다고 생각하시는 것입니까?

정조   제 첫 번째 아들 문효 세자가 죽은 것도 나중에 확인해 보니 독살이었을 가능성이 있었습니다. 아시다시피 제 죽음 자체가 미스터리 아닙니까? 여기 앉아 계신 제 할머니 정순 왕후가 가져온 탕약을 마시고 제가 죽었다고 소문이 나 있잖아요. 그만큼 저와 제 가족들의 죽음에 언제나 할머니인 정순 왕후가 있었습니다.

이대로 변호사   문효 세자 말고 또 어떤 피붙이들이 죽었다는 것인가요?

정조   바로 제 동생들이 죽었습니다. 친동생들이 말입니다.

이대로 변호사   사도 세자와 피고의 친어머니 혜경궁 홍씨 사이에서 난 아들은 죽은 의소 세손과 피고밖에 없지 않습니까?

정조   그것은 맞는 말입니다. 하지만 아버지 사도 세자와 양제 사이에 낳은 아들이 세 명 더 있습니다. 은전군, 은신군, 은언군이 제 아우들입니다. 그중 은전군은 제주도에 유배 가서 죽고 은신군은 사약 받아 죽고 은언군은 강화도로 유배 가고 그 아들인 상계군은 독살당해서 죽었습니다. 상계군을 죽인 실제 인물이 정순 왕후라고 왕실에서 소문이 파다했습니다. 제가 국왕이었음에도 불구하고 동생들을 지킬 힘조차 없었지요. 그래서 이상한 명분을 가져다가 동생들을 죽일 때 저는 눈물만 흘릴 수밖에 없었습니다.

김딴지 변호사　판사님! 지금 피고는 이번 재판의 사안과 다른 엉뚱한 이야기를 하고 있습니다. 저건 백성들 사이에 떠도는 소문일 뿐입니다. 그리고 원고인 정순 왕후가 관여돼 있다는 것은 사실이 아닙니다. 사도 세자의 아들들은 모두 역모를 꾀해서 사약을 받은 것입니다. 그리고 원고는 정치에 어떤 관여도 하지 않았습니다.

판사　지금 피고 측 변호인이 피고를 상대로 신문하고 있으니 갑자기 끼어들지 마세요. 피고 측 변호인은 계속하세요.

이대로 변호사　감사합니다, 판사님. 지금 원고 측 변호인은 원고와 피고의 후계자들의 죽음이 전혀 무관하다며 원고는 정치에 관여하지 않았다고 하는데 사실입니까?

정조　정말 말도 안 되는 이야기입니다. 제 동생들은 역모에 어떤 관계도 하지 않았습니다. 그런데 할머니인 정순 왕후가 이들을 역모의 주역이라고 해서 모두 죽이고, 마지막 남은 은언군마저 역모를 꾀했으니 죽여야 한다고 노론 신하들에게 상소를 올리라고 뒤에서 조종했습니다. 오죽했으면 제가 동생을 살리기 위해서 나흘 동안 궐문을 닫고 사흘 동안 단식을 했겠습니까?

이대로 변호사　국왕이 단식을 했다니 이게 있을 수 있는 일입니까?

정조　그러니 얼마나 슬픈 인생입니까? 국왕이 자기 동생을 살리기 위해 단식을 하다니 말입니다. 사실 저는 말이 국왕이지 마음 편히 왕 노릇 한번 제대로 한 적이 없습니다. 노론 신하들은 언제나 정순 왕후의 조종을 받으며 저를 경계하였습니다. 오죽하였으면 궁중의 궁녀와 내시들까지도 대비의 이야기를 들으며 제 행동 하나하나

과인
왕이 신하들 앞에서 자신을 호칭하는 말입니다. 중국의 황제는 '짐'이라고 호칭하였는데, 조선에선 중국의 제후 국가라고 생각하여 한 등급 아래인 '과인'이란 표현을 사용하였지요.

를 모두 보고하였지요.

이대로 변호사　　　그 원인이 어디에 있다고 생각하십니까? 혹시 피고가 잘못한 일이라도 있었나요?

정조　　　저도 제가 이렇게 고통을 받으며 왕 노릇을 하는 원인이 어디 있을까 고민을 많이 했습니다. 오랜 생각 끝에 내린 결론은 제가 사도 세자의 아들이라는 것이었습니다. 제 동생들이 죽고 조카들이 죽은 것도 모두 사도 세자의 혈육이었기 때문입니다. 조정의 대부분 신하들이 제 아버지 사도 세자를 죽이는 데 관여한 인물들이니 제가 왕 노릇 하는 것이 얼마나 껄끄러웠겠습니까!

이대로 변호사　　　혹시 피고가 즉위하던 날 "과인은 사도 세자의 아들이다"라고 한 것이 더욱 문제가 된 것이 아닐까요?

정조　　　그것이 문제가 되었을 수도 있겠지요. 선대왕인 영조 임금께서 사도 세자가 죽고 3년 뒤에 저를 친아버지의 호적에서 빼내 아홉 살에 돌아가신 큰아버지 효장 세자의 아들로 입적시켰으니 말입니다. 제가 공식적으로는 사도 세자의 아들이 아닌 효장 세자의 아들인데 갑자기 사도 세자의 아들이라고 하니 혹시 사도 세자를 죽이는 데 관여한 인물들을 제거하지 않을까 겁이 날 수도 있었겠죠.

이대로 변호사　　　그런데 사도 세자의 죽음이 원고인 정순 왕후와 무슨 특별한 관계가 있어서 노론 신하들이 정순 왕후의 조종을 받은 것인가요?

정조　　　내 아버지 사도 세자가 죽을 때 할머니인 정순 왕후와 그 오

라버니인 김귀주가 뒤에서 배후 조종한 것은 세상 사람들이 다 아는
일입니다. 그렇지만 저는 그런 사실을 잊기 위해 노력했고 할머니를
최선을 다해서 높이 받들었습니다. 그런데 할머니는 늘 저를 괴롭히고
신하들을 조종했어요. 심지어 저를 죽이려고까지 하지 않았습니까?

이대로 변호사　　그래서 피고는 아버지를 죽인 세력들을 모두 제거
하기로 했나요?

벽파

정조 시대 당파의 이름으로 사
도 세자의 죽음을 당연히 여기
는 사람들을 '벽파'라고 하였고,
사도 세자의 죽음을 동정하면서
정조를 지지하는 사람들을 '시
파'라고 하였습니다.

정조　　아닙니다. 저는 개인적인 원한을 잊기로 했습니다. 국왕은 나라 전체를 생각해야 하는데 개인적인 원한에 사로잡혀 있으면 제대로 국왕 노릇을 할 수 없기 때문입니다. 제가 즉위 첫날 "과인은 사도 세자의 아들이다"라고 했지만, 할아버지 영조 임금께서 정해 준 효장 세자의 아들임도 중요하기에 그 뒤에 어떠한 정치 보복도 하지 않겠다는 이야기를 했습니다. 그렇게 ▶본격적인 탕평 정치를 시작한 것입니다.

이대로 변호사　　지금까지 피고의 이야기를 들어 보니 너무도 억울한 처지였음을 알 수 있습니다. 대비는 원래 정치에 관여해서는 안 되는데 실제 노론 벽파의 우두머리가 대비였다는 것이 확실합니다. 그리고 피고는 국왕이라는 절대적인 권력으로 정적들을 제거할 수도 있는데 그렇게 하지 않았습니다. 이로 미루어 보아 원고의 고소와 달리 피고는 정치적으로 매우 어려운 처지였음에도 합리적이고 훌륭한 국왕이었음을 알 수 있습니다. 피고에 대한 질문은 이 정도로 마치겠습니다.

판사　　좋습니다. 앞서 피고 측 변호인이 원고인 정순 왕후를 신문하였으니 형평을 맞추어 원고 측 변호인에게도 피고에게 질문할 기회를 드리겠습니다.

김딴지 변호사　　판사님, 감사합니다. 참으로 공평하고 훌륭하십니다. 피고! 피고는 지금 거짓말을 하고 있습니다. 피고는 할머니인 원고에게 최선을 다했다고 하는데 원고

교과서에는

▶ 사도 세자의 죽음과 이를
둘러싼 시파와 벽파 간의 갈
등을 경험한 정조는 영조 때
보다 더욱 강력하게 탕평책
을 추진하였습니다.

의 친오라버니인 김귀주를 죽인 것이 최선을 다해 받든 것입니까?

정조   그 점에 대해서 저는 무척이나 안타깝게 생각하고 있습니다. 그렇다고 제가 김귀주에게 사약을 내려 죽인 것은 아닙니다. 유배지에서 생활하다 죽은 것뿐입니다.

김딴지 변호사   아니, 유배를 10년 동안 보낸 것이 말이 됩니까? 그것도 할머니인 원고의 친오라버니인데 말입니다. 피고는 그를 죽이기로 작정했던 것이에요. 피고가 정치 보복을 하지 않겠다고 했는데 **홍인한**과 **정후겸**에게는 영조의 국상 중에 왜 사약을 내려서 죽게 한 것입니까?

정조   나는 그때 사약을 내릴 생각을 하지 않았어요. 신하들이 이들만큼은 용서를 해서는 안 된다고 해서 그렇게 한 것입니다. 그리고 김귀주는 어머니 혜경궁을 무시했어요. 어머니가 아프셨을 때 모든 신하들이 다 문안 인사를 하는데 김귀주만 권력을 믿고 뒤늦게 찾아올 정도였거든요. 제 어머니가 이들에게 얼마나 많은 핍박을 받으셨는지 아시나요?

김딴지 변호사   그것이야말로 피고가 원고의 세력을 누르기 위해서 꾸민 음모입니다. 김귀주는 혜경궁이 아프다는 소식을 듣고 문안 인사를 하러 궁궐에 갔습니다. 그랬는데 김귀주가 들어오기 전에 대궐문을 닫아 못 들어간 것입니다. 피고는 일부러 김귀주를 못 들어오게 한 것입니다. 피고는 겉으로는 인자한 척하고 합리적인 척하면서 뒤로는 음모를 꾸미는 인간입니다.

홍인한
정조의 외할아버지인 홍봉한의 동생으로 조카 사위인 사도 세자를 돕지 않고 오히려 죽게 만든 장본인입니다.

정후겸
영조의 딸인 화완 옹주의 양아들로 사도 세자의 죽음에 깊이 관여한 인물이에요.

효의 왕후
정조의 비로서 1753년에 태어
나서 1821년에 죽었어요. 본관
은 청풍으로 김시묵의 딸이고,
천성이 온화하여 정조와 시어머
니인 혜경궁 홍씨, 대왕 대비인
정순 왕후를 모시는 데 극진했
다고 해요.

당상관
조선 시대 관리들의 품계 가운
데 정1품부터 정3품까지를 가
리키는 말입니다. 문반의 정3품
이상과 무반의 정3품 절충장군
이상을 당상관이라 불렀습니다.

정조 사실이 아닙니다. 저는 김귀주를 죽이려고 음모를
꾸민 것이 아닙니다. 그가 제 어머니를 무시한 것은 사실
입니다. 제가 죽고 나서 제 어머니가 얼마나 고통을 당했
는지 이야기를 들어 보면 기가 막힐 것입니다. 저기 계신
할머니가 제가 죽고 나서 내명부 왕실 서열을 정하면서 며
느리인 **효의 왕후** 아래로 두어 어머니가 제 아내인 효의 왕
후에게 절을 해야 했습니다. 세상에 시어머니가 며느리에
게 절을 하는 경우가 어디 있습니까? 그만큼 할머니는 저
희 모자에게 가혹한 사람입니다.

김딴지 변호사 참으로 피고는 교묘합니다. 사람들에게
슬픈 감정을 만들려고 하니 말입니다. 마지막 한 가지만 더 물어보
겠습니다. 피고는 할머니인 원고의 궁녀들을 반 이상 쫓아냈습니다.
이는 원고를 괴롭히려는 것이 아니었습니까?

정조 이 역시 사실이 아닙니다. 할머니의 궁녀만 내보낸 것이 아
닙니다. 물론 할머니의 궁녀들이 조금 많이 나간 것은 사실이지만
궁궐 전체 궁녀들 중 반을 내보낸 것입니다. 당시 궁녀들 월급은 거
의 정3품 **당상관** 이상의 고위직들과 비슷했습니다. 왕실 경비를 아
끼는 차원에서 한 일일 뿐입니다.

김딴지 변호사 그것은 핑계에 불과합니다. 피고는 아주 교묘히 원
고의 세력을 억제하려고 했습니다. 원고는 손자인 피고가 왕이 되고
나서 기존 당파의 이야기를 존중하지 않는 것 같아 노론 세력을 대
변하고자 한 것이지 정치의 전면에 나서 국왕과 대립하려고 한 것은

아닙니다. 이 점을 판사님과 방청석에 계시는 분들은 반드시 기억하셔야 합니다.

판사　　오늘 첫 번째 재판부터 원고와 피고의 열띤 공방이 있었습니다. 역사적 인물들을 오늘 이 법정에서 만나니 감회가 새롭기도 합니다. 그리고 몰랐던 새로운 사실들을 알게 되어 흥미진진하기도 합니다. 그러나 재판은 공정해야 하기 때문에 진실을 밝히는 과정을 계속 진행하겠습니다. 일주일 뒤에 다시 재판을 개최하겠습니다. 그때까지 변호인들은 변론 준비를 잘해 주시기 바랍니다. 모두 수고하셨습니다. 이상으로 첫 번째 재판을 마치겠습니다.

땅, 땅, 땅!

사도 세자의 묘소를
수원으로 옮긴 까닭은?

정조의 아버지인 사도 세자는 1762년 윤5월 21일 뒤주에 갇혀 죽은 뒤 양주(지금의 서울 휘경동 일대) 배봉산 자락에 묻혔습니다. 영조는 사도 세자의 무덤 이름을 '수은묘'라고 하였지요. 세자가 죽어 묻힌 곳은 '원'이라는 이름이 붙어야 하는데 '묘'라고 한 것입니다. 이는 영조가 아들을 세자로 인정하지 않았다는 뜻입니다. 그래서 정조는 왕이 되자마자 '수은묘'라는 이름을 '영우원'으로 바꾸어 사도 세자의 명예를 회복하였습니다. 그리고 사도 세자의 묘소가 풍수적으로 좋은 자리가 아니었기 때문에 정조는 1789년(정조 13) 7월에 묘소를 이전하였습니다. 새로 옮긴 곳은 천하 명당으로 알려진 수원 도호부 중심지의 화산 일대였습니다. 이 자리는 이미 선조와 효종의 무덤으로 결정까지 했던 명당이었습니다. 사도 세자의 묘소를 옮기고, 현명하신 분을 융성스럽게 받든다는 뜻으로 '현륭원'이라고 하였습니다. 결국 정조는 사도 세자의 묘소를 천하 명당으로 옮기면서 그의 명예를 높이고 자연스럽게 자신이 사도 세자의 아들이라는 것을 온 백성들에게 자신 있게 말하고 싶었던 것입니다.

다알지 기자

안녕하세요! 저는 법정 뉴스의 다알지 기자입니다. 한국사법정에서는 조선의 명군주 정조 대왕과 영조의 계비인 정순 왕후의 재판이 열렸습니다. 저는 지금 1차 재판이 열리는 현장에 나와 있습니다. 법정의 분위기는 다른 재판에 비해 긴장감이 역력합니다. 왜냐하면 이 두 사람이 매우 특별한 관계에 있기 때문입니다. 원고인 정순 왕후는 피고 정조 대왕의 할머니입니다. 두 사람은 일곱 살밖에 차이가 나지 않지만 정순 왕후는 정조의 할아버지인 영조의 비이기에 엄연히 정조의 할머니입니다. 할머니가 손자를 고소한 이 사건은 한국사법정에서도 가장 특이한 소송 사건이라고 할 수 있습니다.

원고 측은 정조가 할머니인 정순 왕후의 은혜를 배반하고 대비의 집안을 괴롭혔으며, 당파를 조장하여 정치를 어지럽힌 국왕이었다고 주장하고 있습니다. 이에 대하여 피고 측은 정순 왕후가 국왕 시해를 뒤에서 조종하고 노론 신하들도 조종하여 정치를 어지럽혔다고 주장하였습니다. 이쯤에서 원고와 피고를 만나 이야기를 나누어 보도록 하겠습니다.

정순 왕후

　　지금 세상 사람들은 할머니인 제가 손자를 고소했다고 난리가 난 것 같습니다. 지금까지 저에 대해 세상 사람들은 잘 모르면서도 악독한 대비라고 평가했습니다. 그런 잘못된 이야기를 들어 가면서도 꾹 참은 것은 제 지아비인 영조 대왕 때문이었습니다. 그분의 손자를 욕되게 하고 싶지 않아서였지요. 하지만 이제 진실을 말하고 싶어요.

　　정조가 물론 잘한 일도 많지만 세상 사람들이 알고 있는 대로 위대한 개혁 군주는 아닙니다. 탕평을 핑계 대고 자신의 세력을 키우고 신하들을 꼼짝 못하게 하였지요. 저는 나라를 위해 국왕을 돕고 싶어 했어요. 그리고 그의 탕평을 도와주고자 했어요. 노론 신하들이 정조를 무조건 반대한 것이 아니라 나라를 위해 정조의 과도한 정책을 막고자 한 것이에요. 이 재판에서 그러한 진실이 밝혀지기를 기원합니다.

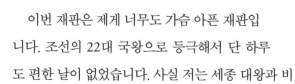

정조

이번 재판은 제게 너무도 가슴 아픈 재판입니다. 조선의 22대 국왕으로 등극해서 단 하루도 편한 날이 없었습니다. 사실 저는 세종 대왕과 비교가 많이 됩니다. 그렇지만 세종 대왕은 아버지 태종이 정적들을 모두 제거한 상태였기 때문에 아무런 어려움 없이 국왕 노릇을 할 수 있었습니다. 그런데 저는 어떻습니까? 저는 국왕이 되는 것도 어려웠고 국왕이 되어서도 죽을 고비를 수없이 넘겼습니다. 사방에 국왕의 신하가 아니라 적들만 있었습니다. 그 배후 조종자가 할머니라는 사실을 알았을 때 그 충격은 너무도 컸습니다. 제가 할머니 집안을 파괴하고 신하들을 억누르면서 정치를 했다고 하는데 이번 재판을 통해 그것이 아니라는 것을 보여 주도록 하겠습니다. 저는 정말 백성을 위한 정치를 하다가 죽었다고 이야기하는 것에 한 점의 부끄러움도 없습니다.

정조는 백성을 위한 국왕이었나?

1. 규장각은 정조의 친위 세력을 만들기 위해 설치한 것인가?
2. 장용영은 정조의 친위 군영인가?

교과연계

한국사
Ⅲ. 조선 사회의 변화와 서양 열강의 침략적 접근
　2. 조선에서도 근대의 기운이 움트다
　　(1) 영·정조, 탕평책을 통해 정국을 주도하다

1

규장각은 정조의 친위 세력을
만들기 위해 설치한 것인가?

판사 일주일 동안 잘 지내셨습니까? 원고 측과 피고 측 모두 재판 준비는 잘하고 계셨으리라 생각합니다.

오늘은 피고가 왕권을 강화한다는 핑계를 대고 오랫동안 신하들에 의해 정치가 진행되던 것을 막고 독재 정치를 진행하였는지를 구체적으로 살펴보겠습니다.

피고인 정조는 너무도 많은 일을 했다는 평가가 있어 도대체 어느 부분부터 이야기를 해야 할지 잘 모르겠습니다. 또한 오늘날까지 많은 사람들이 피고의 정치에 대하여 백성을 위한 위민 정치 혹은 조선의 발전을 위한 개혁 정치라고 말하고 있습니다. 독재 정치와 개혁 정치는 분명히 다른 것인데 왜 24년간 추구한 피고의 정치에 대하여 이런 극단적인 평가가 나오는 것일까요? 그래서 오늘 이 부분을 집중적으로 살펴보도록 하겠습니다. 어떤 변호인이 먼저 하시겠습니까?

이대로 변호사   제가 먼저 하겠습니다. 오늘 피고로 앉아 계신 정조는 참으로 백성을 위한 훌륭한 정치를 하신 분입니다. 이분은 조선의 22대 국왕으로 취임하면서 오로지 백성들만을 생각하셨습니다. 백성을 위한 정치를 하느라 잠도 제대로 주무시지 못했던 분입니다. 조선의 백성을 위해서라면 자신의 살갗인들 아깝겠냐면서 신하들과 어떻게 하면 백성을 위한 정책을 만들까 고민하고 평생을 사셨던 분입니다.

김딴지 변호사   아니, 이대로 변호사가 뭔가 사실을 부풀리는 것 같군요. 원래 전 세계의 국가 지도자들은 백성을 위해서라면 자신의 모든 것을 희생하겠다고 말합니다. 정치에서 그 정도는 아무것도 아닙니다. 겨우 그런 말을 한 것 가지고 백성을 위한 군주라고 주장하는 것은 정말 웃기는 일입니다.

이대로 변호사   아닙니다. 피고는 정말 백성을 위한 국왕이었습니다. 그가 추진한 여러 정책들을 보시면 알 수 있습니다. 국가를 위해 이전의 국왕들과는 다른 새로운 개혁을 추진했어요. 할아버지였던 영조가 죽고 삼년상을 치른 후에 피고는 그동안 생각하고 있던 국가를 발전시키기 위한 개혁 방안 네 가지를 백성들에게 발표했어요. 그 내용을 피고에게 직접 물어보도록 하겠습니다.

판사   피고 정조는 나와서 진술해 주세요!

이대로 변호사   이 자리에 다시 나오시게 해서 무척 죄송합니다. 피고가 이룬 업적에 대하여 원고 측이 너무도 왜곡해서 속상하실 것이라 생각합니다. 그래도 이 법정을 통하여 오히려 피고의 진실과 개혁 정책이 드러나길 바라겠습니다. 조선 시대 역사에서 **경장대고**라 불리는 4대 개혁 정책을 왜 만들게 되었고 그것의 중심 내용은 무엇입니까?

정조 처음 법정에 들어섰을 때 너무도 당황스러웠습니다. 평생을 백성을 위해 살아왔는데 200여 년이 지난 후에 내가 독재자라는 소리를 듣고 내가 했던 모든 개혁 정책이 잘못된 것이라는 소리를 듣다니, 저승에 있는 지금도 눈을 감을 수 없습니다. 그래서 나는 오로지 이 자리에서 진실만을 이야기하겠습니다.

내가 경장대고 즉 4대 개혁 정책을 제시한 것은 ▶임진왜란과 병자호란을 거치면서 조선 사회가 너무도 망가졌기 때문입니다. 특히 논밭이 사라져서 농사지을 땅이 부족하여 굶주리는 백성들이 늘어났고, 양반 사대부들은 당파 싸움이 너무도 커져 같은 마을에 살아도 당파가 다르면 평생 동안 한마디도 안 하고 살아가는 세상이 되었습니다. 관리들은 부정부패에 익숙해져서 백성들의 재산을 빼앗는 데 정신이 팔려 있어 나라 재정도 형편없어졌어요. 이러니 국방을 책임지는 군인인들 제대로 나라를 지키겠습니까?

이대로 변호사 그런 현실적 상황이 있었군요. 하긴 병자호란 때 조선의 국왕인 인조가 청나라 태종인 홍타이지에게 **삼전도**에서 굴욕적인 항복을 하였음에도 이후 조선의 조정 대신들은 정신을 차리지 못하고 당파 싸움에 골몰하였죠. 그래서 백성들을 위한 정치보다 당파 싸움이 중요시되었던 것도 사실입니다.

김딴지 변호사 이대로 변호사, 무슨 그런 말씀을 하십니까? 그것은 이대로 변호사가 잘못 생각하고 있는 거예요. 조선 시대의 당파 싸움은 이대로 변호사가 생각하는 그런 수준 낮은 정치가 아니었어요. 당파 싸움은 군자당과 소인당을 가르는 것으로 학문이 높은 군자들이 정권을 잡아서 백성을 위한 훌륭한 정치를 하고자 한 것이에요. 그리고 정치의 주역은 신하들이기 때문에 신하들의 당파 싸움을 나쁘게만 보아서는 안 됩니다.

이대로 변호사 물론 처음 당파의 형성은 김딴지 변호사의 말처럼 시작된 것이 맞습니다. 그렇지만 그 ▶당파가 시간이 지나면서 변질되었고, 피고가 사도 세자의 아들로 태어나서 국왕으로 등극하는 동안 당파 싸움이 너무도 심한 상태가 되었기 때문에 피고는 그런 사회를 바꾸기 위해 개혁 정책을 만들고 추진한 것입니다.

판사 지금 두 변호사가 싸우고 있으면 어떡합니까? 피고를 증인으로 세워 놓고 무엇을 하는 것입니까? 피고 측 변호인은 빨리 피고 신문을 진행하세요.

이대로 변호사 네, 주의하겠습니다. 피고의 개혁 정책의 내용을 말씀해 주시겠습니까?

정조 저는 왕위에 오른 뒤 할아버지 영조의 삼년상을 치렀습니다. 말이 삼년상이지 조선의 삼년상은 실제로는

삼전도
오늘날 잠실을 말해요. 뽕나무 밭이란 의미를 가지고 있지요. 이곳에서 인조가 항복을 하였고, 청나라 태종이 이를 기념하기 위해 세운 비가 오늘날까지 남아 있습니다.

교과서에는

▶ 조선 후기에는 정치적·사회적으로 붕당 정치가 파탄에 직면하고 노론의 장기 집권이 행해지면서 몇몇 노론 가문이 정권을 독점하기에 이르렀습니다. 이에 따라 많은 양반들이 몰락하였습니다.

27개월입니다. 그래서 국왕으로 등극한 후 27개월이 지난 1778년 6월에 개혁 정책을 발표하였습니다.

네 가지 내용이었는데 첫 번째가 백성들 모두를 부유하게 만들겠다, 두 번째는 ▶인재를 양성하겠다, 세 번째는 국방 정책을 새롭게 하겠다, 네 번째는 국가 재정을 튼튼히 하겠다는 것이었습니다. 이것이 제가 발표한 개혁 정책이었고, 이를 바탕으로 제가 국왕으로 있는 동안 온 힘을 다해 노력하였습니다.

이대로 변호사   정말 대단한 정책이 아닐 수 없습니다. 그렇다면 이 중에서 가장 중요하다고 판단되어 먼저 실시한 것이 무엇입니까?

정조   당연히 인재 양성이죠. 세상에 인재보다 더 중요한 것이 어디 있습니까? 세상 모든 일이 사람이 아니고 할 수 있는 일이 없지 않나요? 그래서 저는 인재를 기르는 일을 최우선으로 삼고 그 인재들로 하여금 나머지 개혁 정책을 추진하게 하려고 하였습니다.

이대로 변호사   흠, 인재 양성! 정말 좋습니다. 저 역시 그렇게 생각합니다. 그렇다면 인재를 양성하기 위해 무슨 일을 하셨습니까? 기존의 왕과 다른 특별한 것이 있었나요?

정조   네, 그렇습니다. 저는 인재를 양성하기 위하여 규장각을 창설하였습니다. 역대 국왕의 문집과 초상화를 보관하는 왕실 도서관의 기능과 더불어 학자들을 근무하게 하여 새로운 학문을 연구하고 국가 정책을 만드는 일을 하게 했습니다.

이대로 변호사   정말 대단한 일을 하셨군요. 판사님, 이

교과서에는

▶ 정조는 즉위하자 곧 규장각을 설치하여 자신의 권력과 정책을 뒷받침할 수 있는 정치 기구로 삼았습니다. 규장각에 수만 권의 책을 갖추어 두고 젊은 학자들을 모아 학문을 연구하도록 하였습니다. 이를 통해 규장각은 정조 시대의 문예 부흥과 개혁 정치의 중심이 되었습니다.

상황에서 새로운 증인을 부르도록 하겠습니다. 바로 규장각 검서관으로 근무하였던 박제가입니다.

판사　　좋습니다. 피고는 돌아가셔도 좋습니다. 박제가 증인은 증인석으로 나와 선서해 주세요.

박제가　　저 박제가는 증인으로서 진실만을 말하겠으며 거짓말을 하면 위증의 벌을 받겠습니다.

이대로 변호사　　증인은 피고가 만든 규장각에서 근무했던 4대 검서관 중의 한 분인 박제가가 맞습니까?

검서관
규장각에서 실무를 맡아보는 직책으로 기본 임무는 규장각 각신을 보좌하고 문서를 필사하는 것이었지요. 정조는 문신들이 매월 강의를 할 때 왕과 신하들 사이에 논의되는 내용을 검서관으로 하여금 기록하고 서명하여 보관하게 하는 등 이들에게 중요한 역할을 맡겼습니다.

박제가　네, 맞습니다. 세상 사람들은 그냥 규장각 검서관이라 하지 않고 4대 검서관이라 불렀습니다. 그중의 한 명이 저였습니다.

이대로 변호사　4대 검서관, 무척 유명했던 모양이군요. 그분들은 어떤 분들이고 규장각에서 무슨 일을 하셨나요?

박제가　4대 검서관은 저 박제가와 이덕무, 유득공, 서이수입니다. 우리들 검서관들은 대부분 서자 출신입니다. 저희가 했던 일은 역대 임금과 관련 있는 책과 초상화, 도장, 궁중에 쌓여 있는 책과 유물을 보관하고 정리하는 것이었습니다. 또한 사신들이 중국에서 사 온 책과 골동품을 보관하고 정리하는 일을 하였지요. 요즘으로 치면 왕실 도서관 사서 혹은 왕립 박물관 학예연구사라고 할 수 있습니다.

이대로 변호사　서자 출신들을 규장각에 근무하게 하였단 말입니까?

박제가　아니, 저희가 서자여서 문제가 되나요? 안 그래도 서자 출신이어서 얼마나 차별을 받았는지 아십니까? 저나 이덕무, 서이수는 조선의 모든 사대부와 백성들이 인정하는 최고의 학자들이었습니다. 그렇지만 서자라서 어디에도 써 주는 곳이 없었는데, 인재라면 서자들도 상관없다는 정조 대왕의 큰 뜻이 있었기에 우리가 규장각에서 근무할 수 있었습니다. 그런 측면만 보더라도 정조 대왕은 위대한 분입니다.

김딴지 변호사　이의 있습니다. 서자 출신을 규장각에 둔 것은 다른 음흉한 뜻이 있어서 그런 것입니다. 그런 부분을 반드시 밝히고 가야 피고의 검은 속을 알 수 있습니다.

판사 피고 측 변호인이 지금 말씀하신 부분은 본 규장각의 내용과는 약간 차이가 있습니다. 그렇잖아도 피고 측 변호인이 서얼 혁파와 관련하여 피고의 문제점을 오늘 이야기하자고 하였으니 그 부분은 이 문제를 듣고 나중에 이야기하도록 하겠습니다.

이대로 변호사 역시 현명하신 판사님입니다. 그렇다면 다시 증인에게 질문하겠습니다. 증인, 규장각이 조선의 학문 발전과 인재 양성을 위해서 큰일을 했다고 생각하십니까?

박제가　너무도 당연합니다. 규장각은 조선 사회를 변화시킬 소중한 인재를 양성하는 곳입니다. 저희들과 같은 검서관 말고 초계문신 제도를 두었습니다. 초계문신 제도란 37세 이하의 중간 관리들을 선발하여 3년 동안 규장각에서 가르치고 연구하게 하는 것입니다.

이대로 변호사　정말 대단하군요. 3년 동안 다른 업무를 하지 않고 오로지 공부만 한다는 것이군요.

박제가　그렇습니다. 당시 관리들은 대부분 문과 시험을 통해 채용되었습니다. 그 관리들에게 더욱 깊은 공부를 시켜 본인의 학문 성취도를 높이고 국가 정책을 개발하도록 한 것입니다.

이대로 변호사　그럼 당시 초계문신들은 만족했나요?

박제가　만족하고말고요. 정조 임금은 규장각에 있는 각신, 검서관, 초계문신 모두에게 극진한 대우를 해주셨습니다. 정조 임금은 규장각에 근무하는 사람들은 손님이 와도 자리에서 일어나지 말라는 규정을 두었습니다(客來不起). 이는 고위직들이 와도 일어나지 말고 하던 공부를 계속하라는 것이었습니다. 그러니 얼마나 파격적인 대우를 한 것입니까?

이대로 변호사　규장각 각신들에게 출퇴근 시에 궁궐의 말을 타고 다니게 했다고 하던데 사실입니까?

박제가　정말 대단한 일입니다. 요즘 사람들이 사는 세상을 보면 정부의 높은 관리들에게 차와 기사를 두어 출퇴근을 시켜 주는 것, 바로 이것과 똑같은 것입니다. 이전에는 정승들에 한해서 궁궐의 말을 내주었는데, 이제 각신으로 있는 정8품 대교까지도 궁궐의 말로 출퇴근을 시켜 주었죠.

이대로 변호사   그럼 당시 백성들은 규장각에 대해 높이 평가하였나요?

대교
규장각에 소속된 정7품에서 정8품까지의 벼슬 이름입니다.

박제가   당연한 일 아니겠습니까? 백성들 모두가 임금님을 사랑하였고, 자연히 학문을 높이 받들고 인재를 육성하는 규장각을 사랑하였죠. 그리고 규장각 각신과 검서관을 '일세의 진재'라 칭송했고, 저희들은 '임금의 총애를 가장 많이 받고 출세를 보장받은 벼슬아치'란 소리를 들었습니다. 이와 같은 정조 임금의 사랑 때문에 유득공 검서관은 훗날 정3품 풍천부사를 했어도 정5품의 규장각 검서로 직함을 쓰기도 했습니다. 규장각 검서관이 자랑스러웠기 때문입니다. 그리고 저 역시…….

김딴지 변호사   잠깐, 반론 있습니다.

판사   지금 증인의 이야기를 잘 듣고 있는데 무슨 반론입니까? 중요한 내용이 아니거든 증인의 이야기를 다 듣고 반론을 하는 것이 어떻겠습니까?

김딴지 변호사   더 들을 필요도 없습니다. 증인은 당시 피고의 총애를 받았기 때문에 그에 대한 나쁜 소리를 하나도 안 할 것입니다. 그래서 저는 증인에게 몇 가지 질문을 한 뒤 새로운 증인을 청하려고 합니다.

판사   피고 측 변호인, 지금 원고 측 변호인이 증인에게 몇 가지 묻고 나서 새로운 증인을 부르겠다고 하는데 괜찮겠습니까?

이대로 변호사   좋습니다. 저는 자신 있습니다. 규장각을 만든 것이 너무도 훌륭한 일이고 독재 정치와는 아무런 관련도 없다고 확신하기 때문이지요. 마음대로 하십시오.

판사 좋습니다. 원고 측 변호인, 증인에게 질문을 하셔도 좋습니다.

김딴지 변호사 증인, 증인은 자신이 피고의 총애를 받았다고 생각하십니까?

박제가 네, 저는 정조 대왕의 총애를 받았다고 생각합니다.

김딴지 변호사 바로 이것입니다. 이렇기 때문에 여러 가지 상황에 대하여 객관적인 판단을 하지 못하는 것입니다. 증인은 피고에게서 특별한 은혜를 받았기 때문에 피고의 행동에 대하여 오로지 좋게만 생각하는 것입니다.

박제가 무슨 말씀을 그렇게 하십니까? 제가 조금 전까지 했던 이야기가 모두 거짓이란 말씀입니까?

김딴지 변호사 아닙니다. 증인은 거짓을 이야기하지 않았습니다. 증인이 이야기한 것은 사실입니다. 다만 그런 사실들이 학문을 발전시키고 인재를 육성하기 위해 한 일이 아니고 실제로는 피고가 개인의 친위 세력을 만들기 위해 벌인 일이라는데 문제가 있습니다.

방청석에 있던 사람들 대부분이 "아니, 그런 일이 있을 수 있는 거야?" 하면서 수군거리기 시작했다. 몇몇 사람들은 자기들끼리 귓속말로 "정말 그럴 수도 있을 거야"라고 소곤거렸다.

이대로 변호사 김딴지 변호사, 무슨 말씀이십니까? 오늘날까지 우리 역사에서 규장각 설치와 관련하여 어느 누구도 피고가 친위 세력을 양성하기 위해 세웠다고 하지 않았습니다. 너무 막나가는 것 아닙니까?

김딴지 변호사　내가 판사님으로부터 허락을 받아 증인 신문 하고 있으니 이대로 변호사는 끼어들지 마세요!

이대로 변호사는 얼굴이 붉어지면서 김딴지 변호사를 노려보았다.

김딴지 변호사　원래 권력을 갖기 위해서는 순진한 학자들을 자기편으로 끌어들이는 법입니다. 그것이 바로 이데올로기를 만드는 것입니다. 예전에 군인들이 힘으로 **쿠데타**를 하게 되면 가장 먼저 학자들을 포섭해서 자기편으로 만듭니다. 그러면 어리석은 백성들은 아무것도 모르고 쿠데타 세력을 인정하게 되죠.

이대로 변호사　아니, 지금 무슨 소리를 하는 것입니까? 피고가 무슨 쿠데타라도 했다는 것입니까? 말이 되는 소리를 해야 같이 재판을 하죠.

김딴지 변호사　피고가 쿠데타를 했다는 것이 아니라 학자들을 포섭하면 그만큼 백성들을 자기편으로 끌어들일 수 있다는 이야기를 하는 것입니다. 정조는 자기가 소수의 세력이라고 생각했습니다. 그래서 백성들의 지지 기반과 함께 조정의 신하들 중에서 자기 세력을 만들어야 한다고 생각했습니다. 결국 학문을 육성한다는 핑계를 대고 젊은 학자들을 자기편으로 만들어 측근으로 삼으려고 한 것입니다. 증인, 그렇지 않습니까?

박제가　저는 절대 그렇지 않다고 생각합니다.

김딴지 변호사　증인은 그렇게 생각하지만 다른 사람들은 그렇게 생각하지 않습니다. 규장각에 있는 각신과 검서관에 대한 총애는 완전히 달랐습니다. 왕이 성밖으로 행차하면 각신과 검서관이 모두 따라가고, 왕이 체력을 단련하라고 투호도 내려 주고 밤늦게 근무하는데 불편하지 말라고 옥등을 하사한 곳이 규장각 말고 어느 기관에 있습니까? 이는 공부 잘하라고 하면서 사실은 엄청난 특혜를 주어서 자기편으로 만든 것입니다.

박제가　그건 특혜가 아닙니다. 학문을 발전시키고 인재를 육성하려면 당연히 그렇게 해야 하는 것입니다. 이전의 국왕들이 그렇게 안 한 것이 잘못이지 어찌하여 정조 임금이 잘못되었다고 할 수 있습니까?

김딴지 변호사　그래서 잘못된 것입니다. 조정에 있는 신하들 중 그만큼 공부 안 하고 일 안 하는 사람이 어디 있습니까? 누구는 국왕이 하사한 말로 궁궐에 출퇴근하고 누구는 걸어 다니고, 누구는 국왕 옆에서 늘 같이 이야기하고 누구는 멀리 외곽에서 근무하고. 이건 조정의 모든 신하들을 고루 사랑하는 것이 아니라 특정 세력을 키우기 위한 술수입니다. 그래서 저는 새로운 증인을 부르겠습니다.

판사　좋습니다. 아까 이야기한 대로 새로운 증인을 부르십시오. 피고 측 변호인, 박제가 증인에게 더 들을 내용은 없나요? 없다면 증인을 퇴장시키겠습니다.

양쪽 변호인 모두 박제가에게 더 이상 물어볼 말이 없다고 하자 박제가는 퇴장한다.

판사　　　원고 측 증인은 누구입니까?

김딴지 변호사　　　규장각 제학 김종수입니다.

김딴지 변호사의 입에서 김종수라는 이름이 나오자 방청객들이 웅성거리기 시작하였다. 그가 얼마나 대단한 인물인지 알기 때문이다. 그는 노론 벽파의 영수로서 정조 시대 정치의 중심 인물이었고, 정조가 국왕이 되는 데에도 상당한 기여를 했다.

김딴지 변호사　　김종수 증인은 앞으로 나오세요!

김종수　　저는 규장각 제학이었던 김종수입니다. 재판의 권위와 역사적 사실을 밝히기 위하여 진실만을 말씀드리겠습니다.

김딴지 변호사　　규장각 제학이라면 규장각 각신 중에서 가장 높은 지위입니까?

김종수　　그렇습니다. 규장각은 내각과 외각으로 나누어 제학 두 명, 직제학 두 명을 두고 실무 전임자로 직각과 대교를 한명씩 두었는데 이를 통틀어 각신이라고 합니다. 그 아래 검서관 네 명과 영첨 두 명을 두었는데 이들까지 각료라고 하죠. 그중 최고 책임자가 제학이고 저는 그 역할을 맡았습니다.

김딴지 변호사　　증인, 자기소개를 부탁드립니다.

김종수　　저는 청풍 김씨로 대동법을 만든 영의정 김육 선생의 후손입니다. 영조 시절에 과거에 급제하여 관직 생활을 하다가 정조가 국왕이 될 때 적극적으로 도와 최측근의 한 명으로 인정받았습니다. 피고인 정조 임금과는 동덕회라는 모임의 회원으로 해마다 12월 3일이면 모여 하루 종일 잔치를 하기도 했습니다.

김딴지 변호사　　동덕회 모임은 어떻게 만들어진 것이지요?

김종수　　재판 첫날 여러 이야기가 나왔듯이 역적 홍인한이 정조 임금의 대리청정을 막고 국왕 등극을 못하게 하였습니다. 그래서 저와 서명선, 정민시, 홍국영 이 네 사람이 목숨을 걸고 역적들을 처단하여 지금의 피고인 정조 임금이 국왕이 되는 데 결정적 역할을 하였습니다. 그래서 서명선이 홍인한을 탄핵한 12월 3일을 기념일로 만들어 저희들 모두가 죽을 때까지 만난 것입니다.

김딴지 변호사 그렇다면 증인은 피고와 가장 가까운 사이가 아닙니까? 그런데 어떻게 원고 측 증인으로 나왔습니까?

김종수 제가 정조 임금을 배신하고 원고 측 증인으로 선 것은 아닙니다. 다만 저는 진실을 이야기하고 싶을 따름입니다. 저는 노론 벽파의 영수입니다. 정조 임금은 탕평 정치라는 이름으로 삼상 체제를 유지했습니다. 삼상 체제란 노론, 소론, 남인의 우두머리들을 정승으로 임명하여 영의정, 좌의정, 우의정을 맡게 하는 것입니다. 이 중에서 노론 벽파의 영수가 저였기 때문에 제가 죽는 날까지 조정의 중심에 있었습니다. 그랬기 때문에 임금님을 바르게 모시기 위해 늘 바른 말을 하였고 그 결과 오늘 이 자리에 나온 것입니다.

김딴지 변호사 정말 대단한 결심이군요. 이런 강직한 신하들이 있었기 때문에 세상 사람들의 눈에 ▶정조 시대가 문예 부흥의 시대라고 평가되었는지 모르겠습니다. 단도직입적으로 물어보겠습니다. 규장각이 학문과 인재만을 양성하는 기구였습니까, 아니면 다른 의도가 있었습니까?

김종수가 눈살을 찌푸리며 무척 곤혹스러운 표정을 짓

교과서에는

▶ 정조는 강화된 왕권을 바탕으로 민생 안정과 문예 부흥을 위한 여러 가지 정책을 폈습니다. 경제적으로는 농업을 발달시키고, 상업 활동을 보다 자유롭게 할 수 있도록 하였으며, 광산 개발을 장려하였습니다.

더니 크게 한숨을 내쉬었다.

김종수　　분명히 다른 의도가 있었습니다.

김딴지 변호사　　그 의도가 무엇이라고 생각하십니까? 혹시 친위 세력을 키워 자신의 권력을 강화시키자는 거 아닙니까?

김종수　　맞습니다. 바로 그것입니다. 정조 임금은 자신의 친위 세력을 만들기 위해 규장각을 세운 것입니다. 규장각을 만든 시기부터 문제였습니다. 영조 임금이 돌아가시고 모든 백성들이 슬퍼서 삼년 상을 치르고 있는데 그때부터 규장각 건립 공사를 무려 6개월 동안이나 하였습니다. 삼년상 마치고 나서 해도 될 일을 국상 중에 무리하게 한 것부터가 의도가 있었던 것이지요.

김딴지 변호사　　들으셨습니까? 피고의 최측근인 증인이 분명 규장각 설치에 다른 의도가 있었다고 하지 않습니까?

김종수　　규장각을 만들고 각신들을 누구로 임명하였는지를 보면 알 수 있습니다. 처음 제학은 황경연과 이복원이고 직제학은 홍국영과 유언호였습니다. 두 번째 제학은 남인의 채제공입니다. 이들 모두가 사도 세자의 죽음을 안타깝게 여기는 '시파'들입니다. 더구나 홍국영은 학문하는 학자도 아니었습니다. 권력을 탐하는 관리에 불과한 인물이 어찌 최고의 학자가 임명되어야 할 직제학이 되었겠습니까? 결국 정조 임금은 자신의 측근 세력들을 임명하여 새로운 세력을 키우려고 했습니다. 그래서 서자들을 끌어들여 검서관도 시키고 초계문신도 죽는 날까지 무려 138명이나 만든 것입니다. 이들 초계문신들은 모두 청요직으로 가서 나중에 권력의 중심 인물로 성장했습니다. 이는 정조 임금이 자신의 권력을 강화하기 위해 장기적인 계획으로 세운 것이 분명합니다.

청요직
조선 시대 관리들의 선망의 자리로서 사간원, 사헌부, 홍문관의 관원을 말해요. 이 기관에 임명받아야 높은 관리로 성장할 수 있었습니다.

정조의 얼굴은 어두워지고 정순 왕후는 기쁜 표정을 지었다. 사실 정순 왕후와 김종수는 좋은 사이가 아니었는데 이처럼 정조를 비난하고 있으니 정순 왕후로서는 기쁘지 않을 수 없었다. 이대로 변호사가 참다못해 판사에게 항의하였다.

이대로 변호사　판사님, 원고 측 증인은 거짓을 이야기하고 있습니다. 규장각 각신들에 사도 세자의 죽음을 안타까워하는 시파만을 임명했다면 어떻게 노론 벽파의 영수인 증인 김종수가 임명이 되었겠습니까? 그리고 초계문신 중 대부분은 노론이었습니다. 그러니 증인은 거짓말을 하는 것입니다.

판사　피고 측 변호인, 지금 원고 측의 증언을 듣고 있는데 불쑥 끼어드는 것은 좋지 않습니다. 지금 발언은 무시하고 계속 원고 측의 이야기를 듣겠습니다. 이 증언이 끝나고 나서 피고 측에 다시 기회를 드리겠습니다.

김딴지 변호사　당시 조정에서는 규장각에 대하여 어떤 말들이 있었습니까?

김종수　사실 정조 임금은 겉으로는 예절과 모양새를 잘 만들려고 하고 속내로는 심복을 붙여 두려고 하였습니다. 오죽하였으면

1782년에 유학자 이택징이 목숨을 걸고 규장각의 잘못된 점을 비판했겠습니까?

김딴지 변호사　그 내용이 무엇입니까?

김종수　첫 번째는 규장각이 설치된 뒤로 지난 시대부터 문벌을 이루었던 집안의 사람들이 규장각에 들어가지 못하면서 가문의 명예가 훼손되었다는 것입니다. 두 번째는 초계문신들이 월권을 자행하고 하는 일이 비밀스럽고 경비를 많이 쓴다는 것이었습니다. 무엇을 하는지 알 수 없는 것이 많았지요. 임금이 몰래 지시하였기 때문에 그 일을 비밀리에 하는 것이었습니다. 제가 규장각 제학인데도 저도 몰랐던 일이 한두 가지가 아니었지요. 세 번째가 규장각은 임금의 사사로운 기구이지 공공의 기구가 아니며, 각신은 임금의 사사로운 신하이지 조정의 신하가 아니라는 점입니다. 실제 정조 임금은 규장각 운영을 독단으로 결정하였습니다.

김딴지 변호사　증언 감사합니다. 더 이상의 증언은 필요 없을 것 같습니다.

판사　원고 측이 증인에 대한 신문을 마치겠다고 하는데, 피고 측 변호인은 증인에게 물어볼 말이 있습니까?

이대로 변호사　하나만 물어보겠습니다. 김종수 증인은 임금의 사사로운 신하였습니까, 조정의 신하였습니까?

김종수　저는 조정의 신하였습니다.

이대로 변호사　바로 이것입니다. 정조는 규장각을 설치하면서 일부 자신이 총애하는 신하들을 규장각에 소속시켜 공부시키려 한 것은 맞지만 실제 초계문신 대부분이 노론이었고, 각신들도 소론 계열 일부에다 남인으로 채제공 등 한두 명이 있었을 뿐입니다. 어찌 규장각이 친위 세력 양성을 위해 만들어졌다고 할 수 있겠습니까? 마지막으로 다시 피고를 불러 진술을 듣고자 합니다.

판사　또 부른단 말입니까? 변호인이 원한다면 어쩔 수 없죠. 김종수 증인은 돌아가셔도 좋습니다. 피고 정조는 피고 측 변호인의 질문에 답해 주십시오.

이대로 변호사　피고는 방금 박제가 증인과 김종수 증인의 이야기를 들으며 어떤 생각을 하셨습니까?

정조　다 제가 사랑하는 신하들이기에 뭐라 할 말이 없습니다. 하지만 제가 규장각을 만들고자 했던 것은 정말 조선을 위해서였습니다.

이대로 변호사　시간이 많지 않으니 핵심만 정리해서 이야기해 주셨으면 합니다.

정조　제가 규장각을 만든 것은 왕실 도서관 기능 외에 다른 뜻이 있어서 그랬던 것은 사실입니다.

정조가 이 말을 하자 법정에서 웅성웅성 소리가 나기 시작하였다. 한쪽에서 "설마 그럴 리가……" 하며 탄식하는가 하면 다른 쪽에선 "결국 그런 거야"라며 만면에 희색이 돌았다. 이때 판사가 조용히 하라고 땅땅 법봉을 내려치니 다시금 법정이 조용해졌다.

정조　저는 세손 시절에 많은 고생을 했습니다. 할머니인 정순 왕

후 그리고 작은외할아버지인 홍인한과 정후겸 등 노론 벽파 세력들
이 내시와 궁녀들을 동원해서 저의 일거수 일투족을 감시했습니다.
그리고 제가 국왕이 못 되도록 온갖 나쁜 일은 다하였죠. 이런 사람
들은 사대부가 아닙니다. 저는 올바른 사대부들을 양성하여 신하들
로 쓰고자 하였습니다. 그래서 올바른 정신을 가진 신하들을 조정에
두고 싶었던 것입니다.

두 번째로 퇴폐한 문풍을 바로잡고 싶었습니다. 청나라로부터 들

왜 정조는 화성을 쌓았을까?

어온 소품과 **패관 문학**이 조정의 관리와 사대부들을 망치고 있었기 때문에 올바른 학문을 가르쳐 주고 싶었습니다. 세 번째로 훌륭한 학자들을 가까이 두고 싶었습니다. 마지막으로 여러 당파를 고루 등용하고자 규장각을 만든 것입니다. 이것이 저의 본뜻입니다.

패관 문학
정통 성리학이 아닌 중국의 민간 소설과 조선의 민간에서 떠도는 이야기들을 패관 문학이라 했어요.

　　정조의 발언이 끝나자 법정에서 우레와 같은 박수가 터졌다. 그런가 하면 원고 측을 지지하는 사람들은 떨떠름한 표정을 지었다. 판사의 정리로 다시 법정은 조용해졌다.

판사　피고는 더 진술할 것이 있습니까?

정조　규장각과 관련해서 더 이상 할 말이 없습니다. 조금 전에 말씀드린 게 제 진실이고 사실입니다.

판사　두 분 변호인, 더 이상 할 이야기가 없으면 잠시 휴정하였다가 다시 진행하도록 하겠습니다.

2

장용영은 정조의
친위 군영인가?

판사　　다시 재판을 이어 가겠습니다.

김딴지 변호사　　정조가 독재자였다는 사실을 확인해 줄 수 있는 매우 중요한 증인이 있습니다. 정조에 의해 죽음을 당한 구선복 장군입니다.

판사　　증인은 앞으로 나와 선서하십시오.

구선복　　저 구선복은 어떠한 질문에도 진실만을 말할 것이며, 거짓을 말할 경우 처벌받겠습니다.

김딴지 변호사　　증인은 무슨 직책에 있었나요?

구선복　　저는 수도 한성부를 방어하고 조선의 국왕을 보호하는 훈련도감의 대장을 맡았습니다. 임진왜란 이후 수도를 방어하는 가장 큰 군대가 바로 훈련도감이었고 저는 약 10여 년간 훈련대장을 지냈습니다.

김딴지 변호사   그럼 훈련도감 외에 다른 부대는 없었나요?

구선복   아닙니다. 훈련도감 외에 금위영, 어영청, 수어청, 총융청이 있었습니다. 이들 부대를 중앙 오군영이라고 불렀습니다.

김딴지 변호사   아! 중앙 오군영이라 불렀군요. 중앙 오군영의 군사력은 무척이나 막강하였겠군요?

구선복   당연합니다. 훈련도감을 비롯한 중앙 오군영은 수도를 방어하는 것만이 아니라 임금과 백성들을 지키기 위해 많은 훈련을 했습니다. 그래서 우리는 자부심이 대단했어요.

김딴지 변호사   그렇다면 구선복 대장은 임금을 위해 충성을 다하고 목숨도 바칠 수 있었겠군요!

구선복   당연한 것을 왜 물어보십니까? 우리는 군인입니다. 군인들은 임금의 명령이라면 목숨을 걸고 수행하는 사람들 아니겠습니까?

김딴지 변호사   그런데 왜 피고를 독재자라고 하는 것입니까? 군인들이 국왕의 명령을 들어야 하는 것이 당연하다고 하면서 그 훈련대장이 국왕에게 반기를 들고 그를 독재자라고 하는 것은 무엇 때문입니까?

구선복   제가 군인이고 훈련대장이라는 고위직에 있기 때문에 임금의 명령을 들어야 하는 것은 너무도 당연합니다. 그렇지만 군대란 백성을 위한 것이지 임금의 군대는 아닙니다. 지금 피고석에 앉아

훈련도감
조선 시대 수도를 방어하는 중앙 오군영 중에서 가장 먼저 생긴 군영으로 임진왜란 당시 만들어졌어요. 인원은 4500명 정도로 포수, 사수, 살수 등 전문 능력을 가진 군인들로 구성되어 있었지요.

인조반정

1623년 인조와 그의 세력들이 광해군을 몰아내고 왕권을 장악한 사건입니다. 선조의 뒤를 이어 국왕으로 있던 광해군이 어머니 인목 대비를 몰아내고 동생인 영창 대군을 죽였다는 명분으로 군사를 동원하여 광해군을 몰아냈어요.

있는 정조 임금은 백성을 위한 군대를 없애고 자신을 위한 개인적인 군대를 만들었습니다. 그 ▶군대가 장용영입니다. 장용영은 겉으로는 그럴듯해 보이지만 절대 백성을 위한 군대가 아니고 정조 임금 개인의 군대입니다.

김딴지 변호사   그렇게 이야기하는 근거는 어디에 있습니까?

구선복   먼저 훈련도감을 비롯한 중앙 오군영은 나라가 가장 어려운 시기에 만들어졌습니다. 임진왜란이 터지고 훈련도감이 만들어져 왜놈들을 몰아내는 데 가장 중요한 일을 했죠. 물론 이순신 장군이 해전에서 공로를 세운 것은 사실이지만 육전에서 훈련도감만큼 공로를 세운 군대도 별로 없습니다. 흠흠. 그리고 나머지 군영들도 **인조반정** 이후 청나라 침입에 대비해서 만들어졌습니다. 그런데 장용영은 나라가 위급한 시기가 아닌데도 갑자기 만들어졌습니다. 나라 경제도 어려운데 엄청난 비용을 들여서 만든 것은 무슨 꿍꿍이가 있기 때문이 아닐까요?

이대로 변호사   아니, 일개 신하가 어디 국왕이 한 중요한 일에 대해 꿍꿍이라니, 당신이 그러고도 신하라고 할 수 있소?

판사   이대로 변호사, 증인은 제대로 답변하고 있어요. 원고 측 변호인은 계속 질문하세요!

김딴지 변호사   아니, 평화 시에 갑자기 만들었다니 그게 말이 되는 이야기입니까? 조선 시대에 군대의 운영 비용

교과서에는

▶ 정조는 정국 운영을 군주가 주도해야 한다는 신념을 가지고 자신의 왕권을 강화하기 위해 왕권을 유지할 수 있는 힘을 확보하고자 하였습니다. 이에 정조는 친위 부대로 장용영을 설치하고 수원에 화성을 쌓았습니다.

이 얼마나 많이 들어가는데 그런 행동을 한단 말입니까? 더구나 피고는 4대 개혁 정책을 이야기하면서 군대 개혁을 하겠다고 하였는데 기존의 군대를 강화하지 않고 새로운 군대를 만든 것은 철저히 개인을 위한 것이었군요.

구선복　　정조 임금은 겉으로는 백성을 위하고 국방을 강화한다고 하면서 지휘관들의 권한을 통제하였습니다. 원래 중앙 오군영에는 특별한 전통이 있었습니다. 군영의 대장들이 승진하거나 다른 자리로 이동할 때 후임 대장을 추천하도록 한 것입니다. 그러면 대장들은 가장 뛰어난 장수를 추천하여 군대가 잘 유지되도록 하였지요. 그런데 정조 임금은 그런 관행을 없애 버리고 임금과 병조 판서가 마음대로 임명하게 하였지요.

김딴지 변호사　　아니, 근 200여 년 동안이나 역대 왕들이 하던 일을 없애 버렸다고요? 이는 선대왕들을 능멸하고 장수들의 자긍심을 꺾는 아주 나쁜 일이었군요.

구선복　　솔직히 우리들은 그렇게 하리라고는 전혀 생각도 못했습니다. 그런데 그것도 모자라 1788년(정조 12)에 갑자기 장용영이라는 군대를 만든 거예요. 중앙 오군영의 핵심 군사들을 다 빼 가서 우리는 껍데기만 남겨 놓고 말이죠. 이건 정말 말이 안 되는 것이었지요. 아니, 전쟁이 일어나지도 않은 평화 시에 무슨 군대를 창설한단 말입니까? 더구나 장용대장으로 임명한 자는 모두 자신의 인척이거나 자기를 지지하는 인물들이었어요. 이는 권력을 강화하기 위해서 철저하게 자신만의 군대를 만든 것이었습니다.

김딴지 변호사　증인, 감사합니다. 지금 증인이 이야기한 대로 피고는 나라 경제도 어려운데 자신의 권력을 강화하고자 기존의 군대를 무시하고 자신의 친위 군대인 장용영을 만들었습니다. 이는 도저히 있을 수 없는 일로 피고가 권력을 독점하여 신하들을 억누르려 한 것이 확인되었습니다. 이상으로 증인 신문을 마치겠습니다.

판사　수고하셨습니다. 피고 측 변호인, 원고 측 증인에게 질문 있으면 하시지요.

이대로 변호사　네. 증인은 피고에게 충성을 다했다고 자신할 수 있습니까?

구선복　아, 예…… 글쎄요. 제가 군인이라서 임금께 충성을 다해야 하는데, 정조 임금에게는 충성을…….

이대로 변호사　아까 증인은 피고에게 충성을 다했다고 하지 않았습니까? 이 자리에서 진실을 말하지 않으면 영원토록 지옥의 유황불에서 고통받도록 위증죄로 고발하겠습니다.

구선복　어휴. 네. 저는 정조 임금에게 겉으로는 충성을 하였지만 마음으로 충성을 하지는 않았습니다.

이대로 변호사　증인은 역모를 꾀하다가 발각되어 피고로부터 능지처참형을 받은 인물이 맞습니까?

구선복　아니, 왜 옛일을 들추시는 것입니까? 그런 사실이 있기는 합니다.

　　갑자기 방청석이 혼란스러워졌다. 처음에 구선복이 너무도 당당
하게 정조를 능멸하였기 때문에 원고 측과 피고 측이 모두 긴장을
하였는데 갑자기 분위기가 이상해졌다.

이대로 변호사　　증인은 어떤 잘못을 저질렀기에 사지가 찢겨 나가
는 무서운 능지처참형을 받았나요?

구선복　　저는 임금을 갈아치우려고 했습니다. 정조 임금은 당시

큰아들인 문효 세자가 죽고 임신 9개월 상태였던 후궁 의빈 성씨도 갑자기 죽은 상태였습니다. 그래서 후계자로 지목된 사람이 동생인 은언군의 아들 상계군 담이었는데, 제가 상계군을 독살하고 정조 임금마저 독살하려고 하였습니다.

방청객들이 흥분하기 시작했다. "어떻게 임금을 죽이려고 해!" 하고 소리 지르는 방청객도 있었다.

판사   너무 소란스럽습니다. 법원 경위는 저기 소리 지르는 방청객을 빨리 내보내세요. 조용히 하지 않으면 법정 모독죄로 모두 고소할 것입니다. 피고 측 변호인은 계속 질문하세요!

판사의 엄포에 법정 안의 흥분은 잠시 가라앉았다. 그러나 원고인 정순 왕후는 얼굴이 빨개지고 당황하는 모습이 역력했다.

이대로 변호사   어떻게 감히 임금을 죽일 생각을 했단 말입니까? 물론 증인은 대단한 인물이었지요. 온 나라의 무사들이 증인만 보면 '무종(武宗)'이라 하면서 꼼짝 못했으니 말이오. 그래서 증인은 스스로 임금이 되고 싶었나요?

구선복   아니오. 내가 조선의 무사들을 마음대로 움직일 수 있었지만 임금까지 될 생각은 없었어요. 다만 누군가가…….

정순 왕후   네 이놈, 네가 지금 무슨 말을 하는 것이냐?

갑자기 새된 여자 목소리가 법정 공기를 가르는 통에 다들 눈이 동그래졌다.

판사   아니, 원고는 무슨 경거망동입니까? 아무도 원고를 부르지 않았는데 웬 소란입니까?

이대로 변호사   바로 이것입니다. 상계군을 죽인 것은 구선복이 맞지만 소문에는 그 배후에 원고가 있다고 하였습니다. 원고가 손자인 피고를 죽이지 못해서 안달이 난 것은 이미 그 시대에 온 나라 백성들이 알고 있는 사실이었습니다. 더구나 문효 세자와 의빈 성씨도 그냥 병으로 죽은 것이 아니라 독살을 당했는데 그것 역시 정순 왕후가 했다고 다들 믿고 있었습니다. 제 말이 틀리나요? 원고!

정순 왕후   네 이놈, 아무리 변호사라 하더라도 어느 안전이라고 나를 능멸하느냐. 나는 그런 사실이 없다!

판사   원고는 질서를 지키세요. 함부로 소란을 피우면 판결에 불리할 수 있습니다. 피고 측 변호인은 증인에 대한 질문만 하세요. 공연히 원고의 명예를 훼손하는 발언은 삼가시고요.

이대로 변호사   그렇게 하겠습니다. 하지만 원고의 말을 믿는 백성은 하나도 없을 것입니다. 아울러 저는 피고가 개인의 권력을 위해서 장용영을 만들었다고는 생각하지 않습니다. 조선의 국왕이 왕권을 강화하는 것은 너무도 당연한 일입니다. 조금 전에 증인 구선복이 임금을 능멸하고 나중에는 죽이려고까지 했는데 어찌 국방을 개혁하고 친위 군영을 만들지 않을 수 있었겠습니까?

구선복　좋습니다. 제가 임금을 능멸하고 반역을 도모하다가 죽게 된 것은 인정합니다. 그렇지만 장용영을 새로 만들지 말고 중앙 오군영을 새롭게 개편하여 왕권을 강화하고 군대를 개혁하는 것이 마땅한 것 아니겠습니까? 이 점은 어떻게 설명하시겠습니까?

이대로 변호사　오호! 역적이 입만 살아 가지고. 그에 대한 대답은 새로운 증인을 불러서 듣도록 하겠습니다. 판사님, 새로운 증인 백동수를 부르겠습니다.

판사　더 이상 구선복 증인에 대한 질문이 없으면 증인은 돌아가십시오. 그리고 백동수 증인은 진실만을 말할 것을 선서하십시오.

백동수　저는 증인으로서 이 재판에서 오로지 진실만을 말하겠습니다.

이대로 변호사　증인은 어떤 군대에 속해 있었나요?

백동수　저는 장용영에 속해 있는 무사였습니다.

이대로 변호사　지위는 어느 정도였나요?

백동수　저는 초관이었습니다. 요즘으로 치면 육군 대위에서 소령쯤 되는 지위라고 할 수 있습니다.

이대로 변호사　증인은 조선의 협객 백동수로 조선 최고의 무사인데 겨우 초관에 불과했습니까?

백동수　앞에 나왔던 증인 박제가와 마찬가지로 저 역시 서얼입니다. 그래서 아무리 실력이 뛰어나도 높은 관직에 오를 수 없었습니다. 더구나 저는 무과에 급제한 이후 홍국영에게 미움을 받아 관직에서 쫓겨나 오랫동안 강원도 인제에서 숨어 지냈기 때문에 비록 실력이 있었다고 할지라도 높은 자리에 갈 수 없었습니다.

이대로 변호사　　그 뛰어난 실력에도 불구하고 당시의 지위에 만족하셨나요?

백동수　　당연히 만족했습니다. 백성을 사랑하는 ▶정조 임금께서 저를 총애해서 이 자리까지 마련해 주시고 장용영의 무예를 발전시키기 위해 특별한 지위까지 주셨거든요.

이대로 변호사　　증인은 장용영을 처음 만들 때부터 모든 일을 알고 있었습니까?

백동수　　네, 잘 알고 있었습니다. 그렇기 때문에 더욱 임금님을 존경하였고 장용영을 강화시키기 위해서 노력했습니다.

이대로 변호사　　장용영은 도대체 왜 만든 것입니까? 훈련도감 등 중앙 오군영을 개혁하면 될 것을 말입니다!

백동수　　훈련도감을 비롯한 중앙 오군영은 썩을 대로 썩어 있었습니다. 도저히 군대라고 할 수 없었어요. 장수들은 활도 제대로 쏘지 못했고, 하물며 얼마나 검술 연습을 하지 않았던지 대부분 군사들의 칼이 녹 슬어서 칼집에서 뽑히지도 않았습니다.

이대로 변호사　　아니, 무슨 군대가 그렇게 오합지졸입니까? 혹시 과장된 이야기를 듣고 증인이 거짓으로 이야기하는 것 아닌가요?

백동수　　아닙니다. 절대 아닙니다. 물론 열심히 무예 수련을 하는 무사들도 있었겠지만, 높은 지위에 있는 장수들

교과서에는

▶ 영조, 정조 때 서얼을 어느 정도 등용하자 이들은 더욱 적극적으로 신분 상승을 시도하였습니다. 그들은 수차례에 걸쳐 집단적으로 상소하여 동반이나 홍문관 같은 청요직으로의 진출을 허용해 줄 것을 요구하는 신분 상승 운동을 전개하였습니다. 그리하여 정조 때는 유득공, 이덕무, 박제가 등 서얼 출신들이 규장각 검서관으로 등용되어 능력을 발휘할 수 있었습니다.

은 백성들이 낸 세금을 빼돌리고 권력자에게 아부하는 등 군인으로서 자격이 없는 사람들이 대부분이었습니다. 국가 재정의 56퍼센트가 국방비로 들어가는데 군대의 화살이 바닥나고 총과 대포는 녹슬어서 쏠 수가 없는 지경이었습니다.

이대로 변호사 그것이 사실이라면 분명 문제가 있는 것 아니겠습니까? 그래서 피고가 어떻게 한 것입니까?

백동수 처음에는 정조 임금도 백성들의 세금을 줄이기 위해서 군영의 통폐합을 추진하였습니다. 그랬더니 장수들이 난리가 났습니다. 자기들의 자리가 사라지니까 조직적으로 반기를 든 것이지요. 그 대표적인 인물이 구선복 같은 사람입니다. 정조 임금도 그때는 힘이 없어서 어쩔 수 없었어요. 그래서 이후 국방 개혁을 위해 적극적인 생각을 한 것입니다.

이대로 변호사 사실 군대가 합법적인 폭력 집단 아니겠습니까? 군대를 장악하지 못하면 왕이 정치를 할 수 없지요. 200여 년이 흐른 뒤 20세기에도 군인들이 쿠데타를 일으켜 대통령을 쫓아내고 자신들이 권력을 잡지 않습니까? 조선 시대도 똑같거든요. 조선의 건국자인 태조 이성계도 무력으로 고려를 멸망시키고 왕이 되었지요. 그러니 피고로서는 자신을 지지해 주는 군대가 필요했겠네요. 그래서 장용영을 만든 것인가요?

백동수 그 말이 틀린 것은 아닙니다. 장용영을 설치하기 전에 오군영 장수들의 임명권을 국왕 직속으로 변경시켰죠. 이것 가지고 국왕이 권력을 독점하기 위해 장수 임명권을 빼앗아 갔다고 말들이 많

면포
무명이라고도 하며 목화에서 얻은 솜으로 짠 천입니다.

군포
조선 시대에 병역을 면제해 주는 대신 받았던 베를 말해요.

은데 오히려 그것이 잘못된 것이지요. 전 세계 어느 나라에서 장수들이 스스로 후임자를 선택합니까? 이것 자체가 말이 안 되는 것이지요. 그래서 그 잘못된 것을 바로잡은 것뿐입니다. 그러나 실제로는 무반들이 원체 노론 세력들과 연결되어 있어서 아무리 대장을 바꾸는 조치를 내려도 말을 듣지 않았어요. 간단히 이야기하자면 조선의 군대는 임금과 백성의 군대가 아니라 노론의 군대였어요.

이대로 변호사　　노론의 군대라…… 참 슬픈 이야기입니다. 나라의 국왕이 국왕으로서 군대를 통제하지 못한다는 것은 어찌 보면 국왕 노릇 하지 말라는 것 아닌가요?

백동수　　그렇죠. 당연히 그렇죠. 그래서 정조는 아예 생각을 바꾸어 기존의 군영들을 축소하면서 새로운 군영인 장용영을 만든 것입니다. 조금 전에 나라 경제도 어려운데 새로운 군대를 만들어 경제를 힘들게 하였다고 했는데 전혀 그렇지 않습니다. 거꾸로 장용영을 만들어서 나라 경제도 살리고 백성들 살림살이도 나아졌거든요.

이대로 변호사　　그거 참 재미있는 이야기네요. 전 세계 어느 군대 이야기를 들어도 군대 때문에 나라 경제가 좋아지고 백성들의 살림살이가 나아졌다는 이야기는 처음 들어 보는데요.

백동수　　당연합니다. 전 세계에 그런 군대는 장용영밖에 없어요. 조선 시대에 군대를 유지하기 위해 세금으로 **면포**를 받았어요. 이를 **군포** 납부라고 하는데 처음에는 두 필을 받다가 영조 임금이 두 필을 한 필로 낮추어 주셨어요. 대신 양반 사대부들도 모두 납부하라고 하셨죠. 이 법을 균역법이라고 해요.

이대로 변호사   균역법, 들어 봤습니다. 그런데 균역법과 장용영이 무슨 관계죠?

백동수   전혀 관계없어 보이죠. 바로 균역법의 잘못된 점을 바로 잡기 위해 정조 임금이 장용영을 만든 것입니다. 장용영을 창설하면 서 장용영의 비용을 마련해 줄 토지 즉, 둔전이라는 것을 만들었어 요. 그래서 토지가 없는 백성들이 장용영에 와서 논과 밭을 빌려서 농사를 지어 생산량의 70퍼센트는 개인이 갖고 30퍼센트는 세금으 로 내는 거예요. 장용영 군인들은 이 세금으로 월급을 받고 무예를 수련하는 것이죠.

이대로 변호사   아니, 30퍼센트가 세금이면 너무 많이 내는 것 아닌 가요?

백동수   천만의 만만의 말씀입니다. 조선 시대에 백성들이 국가로 부터 토지를 빌리면 수확량의 50퍼센트를 세금으로 내야 했어요. 그 러나 실제로는 70퍼센트를 세금으로 내고 30퍼센트밖에 못 가져가 는 일이 허다했어요. 그러니 30퍼센트를 세금으로 내게 한 것은 백 성들 입장에서 보면 너무도 감사한 것이지요. 더구나 장용영 토지에 서 농사짓는 이들은 너무나 가난해서 고향을 떠나 떠돌아다니던 사 람들이었거든요. 그러니 가난한 백성들을 보살피는 데 이보다 훌륭 한 일이 어디에 있겠습니까?

이대로 변호사   거기에 더해서 따로 균역법을 통해 군포 납부를 받 지 않고 토지 사용료만으로 군대를 유지하니 백성들이 세금을 내지

교과서에는

▶ 순조가 11세의 나이로 즉위하자 영조의 계비 정순 왕후가 수렴청정을 하면서 정조 때 정권에서 소외되었던 노론 벽파 세력이 정국을 주도하기 시작하였습니다. 이들은 신유박해를 이용하여 정조가 규장각을 통하여 양성한 인물들을 대거 몰아냈습니다. 또 장용영을 혁파하고 훈련도감을 정상화시켜 이를 장악하였습니다.

않아 경제적으로 안정이 된다는 것이군요.

백동수　맞습니다. 바로 그것입니다. 사실 장용영은 조선 최강의 군대라는 평가도 듣지만 실제로는 백성들의 삶을 위해 만든 것입니다. 이 제도가 잘 정비되면 조선의 모든 군대에 적용시켜 백성들을 보다 행복하게 하려고 하였는데, 그만 저기 원고인 ▶정순 왕후가 정조 임금이 돌아가시고 얼마 지나지 않아 장용영을 없애 버리고 그 재산을 자기들이 가져갔습니다. 어찌 통탄할 일이 아니겠습니까?

이대로 변호사   이 훌륭한 군대 장용영을 없앤 장본인이 누구라고 요?

백동수   원고인 정순 왕후입니다. 저분이야말로 독재자이죠. 여군 주라고 자처한 인물이 바로 정순 왕후입니다. 정조 임금은 장용영을 통해 독재를 한 인물이 절대 아닙니다. 오로지 백성을 위해 군대를 만들고 유지했을 따름입니다. 그 올바른 방식의 장용영을 정순 왕후 가 망친 것입니다.

이대로 변호사   저는 이상으로 마치겠습니다. 장용영이 피고의 독 재를 위한 군대가 아니라 백성을 위한 군대였다는 것을 이제 모두 아실 것이라 생각합니다.

판사   장용영과 관련하여 증인의 증언을 듣는 것은 이 정도로 마 치겠습니다.

땅, 땅, 땅!

정순 왕후의 간택

　　조선 시대 왕실에서는 태종 이후부터 간택이라는 제도를 통해 혼인이 이루어졌습니다. 간택을 할 경우 금혼령이 내려졌고, 간택 후보 자격은 양반이었으며, 왕실과 같은 성인 이씨는 제외되었습니다. 후보로 뽑힌 처녀들은 총 세 차례의 심사를 거쳐 최종적으로 한 명이 뽑혔지요. 정순 왕후 또한 간택이라는 제도를 통해 계비로 선택되었어요. 여기 정순 왕후의 간택과 관련된 재미있는 이야기를 살펴볼까요.

　　계비 시험을 볼 때 처녀들이 모두 방석에 앉아 있는데 유독 김한구의 딸이 맨바닥에 앉아 있어서 영조가 그 연유를 묻자, "아비의 이름이 적힌 방석을 깔고 앉는 것은 도리에 맞지 않습니다"라고 대답합니다. 이어 세상에서 가장 깊은 것은 무엇이냐고 묻자, "사람의 마음입니다. 왜냐하면 산이나 물은 아무리 깊어도 잴 수 있으나 사람의 마음은 측량할 수 없기 때문입니다"라고 대답합니다. 또 세상에서 가장 예쁜 꽃은 무엇이냐고 묻자 다른 처녀들은 모란, 해당화라고 답하지만 정순 왕후는 목화라고 합니다. 이유는 옷과 이불이 되어 백성들을 따뜻하게 해 주기 때문이라고 했지요. 마지막으로 전각 지붕의 기왓고랑이 몇 줄이겠느냐고 물었는데, 다른 두 처녀가 고개를 치키고 정신없이 세고 있을 때 김한구의 딸은 가만히 고개를 떨구고 있었어요. 영조가 왜 그러는지 이유를 물었더니 "땅바닥이 낙숫물에 팬 자리를 세면 금방 알 수 있기 때문입니다"라고 말하더랍니다.

다알지 기자

　　오늘도 저는 어김없이 한국사법정에 나와 있습니다. 할머니 정순 왕후와 손자 정조의 두 번째 재판이 열리는 이곳 법정에는 정말 많은 사람들이 모여 있습니다. 오늘 양측 증인으로 정조 시대에 학문과 국방을 담당했던 거물들이 나왔습니다. 오늘 재판의 핵심은 학문 연구 기관인 규장각과 한성부와 화성에 주둔했던 군영인 장용영의 설치였습니다. 원고는 이 두 기관이 정조 자신의 왕권을 강화하기 위한 친위 기구였다고 주장했고, 피고는 백성을 위한 개혁 기구였다고 하였습니다. 그동안 두 기관에 대한 역사 서술은 긍정적인 측면이 많았는데 오늘 원고의 주장은 새로운 내용을 담고 있어 세상 사람들의 주목을 받기도 했습니다. 그럼 양측 변호사들을 인터뷰하겠습니다.

김딴지 변호사

　　오늘 김종수 증인과 구선복 증인의 증언을 들어 보면 정조가 백성을 위한 개혁 군주가 아니라 자신의 왕권만을 강화하려 한 국왕이었다는 것을 알 수 있습니다.

　　규장각은 우리가 알고 있는 것처럼 왕실 도서관이 아닙니다. 왕실 도서관이라는 이름을 내걸고 어떻게 하면 반대 세력들을 제거할 것인가를 연구한 곳이지요. 장용영도 마찬가지입니다. 국왕이 군사력을 강화한다는 핑계를 대고 그 힘으로 신하들을 눌러 자신만의 정치를 하려고 한 것입니다. 조선은 건국 이래 국왕과 신하들이 의견을 모아 정치를 하였고, 특히 국왕들은 신하들의 의견을 상당히 중요시 여겼는데 정조는 그렇게 하려고 하지 않았습니다. 이번 두 번째 재판을 통해 그의 실체가 드러난 것은 매우 의미가 있다고 생각합니다.

이대로 변호사

　오늘 재판을 통해 진실이 밝혀졌습니다. 박
제가와 백동수의 증언은 참으로 진실된 것이었습
니다. 정조가 얼마나 학문을 사랑하고 문화를 발전시키려 했는지 알
수 있었습니다. 조선을 세계 문화의 중심 국가로 만들고자 했던 정조
는 세종 이래 가장 훌륭한 군왕입니다. 특히 임진왜란과 병자호란의
치욕을 극복하고 자주적인 나라를 만들기 위해 장용영을 만든 것은 참
으로 위대한 일입니다. 학문만 중요시 여기는 것이 아니라 학문과 무
예를 동시에 발전시켜 튼튼한 나라를 만들겠다고 하는 것이 어찌 잘못
된 일입니까? 더구나 장용영 건설을 통해 백성들이 가장 고통스러워
하는 세금도 없애려고 하였으니, 이는 돌 하나를 던져 두 마리의 새를
잡는 것과 어찌 다르겠습니까! 이로써 정조의 진실을 알게 되었으니
이 재판은 우리의 승리라고 생각합니다.

수원 화성을 만든 일등 공신들

　수원 화성은 정조의 생각이 고스란히 녹아 있는 곳이었어요. 개혁을 하여 왕권을 강화하고 인재를 두루 쓰고 싶었던 정조는 조선 최고의 실학자인 정약용에게 도시 설계를 맡겼답니다. 그렇게 해서 만들어진 화성은 1794년 1월에 시작되어 2년 9개월 만에 완성되었어요. 예상보다 훨씬 빨리 완성될 수 있었던 것은 정약용이 설계한 첨단 기계를 사용한 덕분이기도 했지요. 정약용의 첨단 기계는 수원 화성을 만든 일등 공신들이라 부를 수 있답니다.

유형거

'유형거'라고 불리는 이 유물 역시 정약용이 만든 것을 복원한 형태로 수레의 일종이에요. 기존의 수레가 비탈길에서 무게 중심을 잃는 문제점을 개선하여 만든 것으로 기존의 수레보다 바퀴가 작은 것이 특징이에요. 버팀대 등을 이용하여 보다 안정성 있게 만들어져 돌이나 흙을 나르는 데 사용되었지요.

동차와 설마

수원 화성을 만들 때 사용되었던 운반 도구예요. 동차는 사각의 나무틀 네 귀퉁이에 바퀴를 달고 동아줄을 매어서 쓰는 도구로 무거운 짐을 나르는 데 유용했어요. 그리고 설마는 바퀴가 없어 눈 위에서 사용하기 편하답니다. 이런 도구들이 있었기에 수원 화성은 보다 빨리 보다 쉽게 만들어질 수 있었지요.

녹로

경기도 수원에 있는 '수원 화성 박물관'에 가면 야외 전시장에서 실물 크기로 복원된 정약용의 첨단 기계를 만날 수 있어요. 이 중 높다란 키를 자랑하는 '녹로'는 도르래를 이용하여 무거운 물건을 들어 올리는 데 쓰이던 기구예요. 지금으로 치면 크레인과 같은 역할을 하지요. 동아줄을 얼레와 도르래에 연결하고 물건을 매단 다음, 얼레를 돌려 줄을 감는 형태랍니다.

거중기

수원 화성은 거대한 성곽으로, 벽돌을 나르고 높이 옮기는 일이 많았어요. 그래서 정약용은 '거중기'를 만들었지요. 녹로와 비슷하게 도르래의 원리를 이용하여 작은 힘으로 무거운 무게를 들어 올릴 수 있도록 고안된 장치랍니다. 7톤에 해당하는 무게도 들어 올릴 수 있는 이 거중기는 당시의 모습을 재현해서 만든 것으로 수원 화성 박물관에서 볼 수 있어요.

출처: 수원 화성 박물관(hsmuseum.suwon.ne.kr)

정조는 왜 화성을 쌓았을까?

1. 화성 축성 시 엄청난 국가 재정이 낭비되었는가?
2. 정조는 왜 혜경궁의 회갑 잔치를 화성에서 하였을까?
3. 왜 정조는 상왕이 되어 화성으로 내려오려고 했을까?

교과연계

역사
I. 조선 사회의 변동
  2. 영조와 정조의 개혁과 탕평책

화성 축성 시 엄청난
국가 재정이 낭비되었는가?

판사　이번 소송과 관련해 세 번째 재판을 시작하겠습니다. 오늘 재판은 그 어느 날보다 중요합니다. 피고 정조가 화성을 쌓았는데 그것에 대해 원고가 많은 문제를 제기하였습니다. 원고는 화성을 쌓은 것이 백성을 위한 것이 아니라 피고인 정조 개인을 위한 것이었다고 합니다. 이에 대해 피고는 말이 안 되는 이야기라고 하고 있죠. 그래서 오늘 새로운 증인들을 불러 철저하게 검토하여 피고 정조가 위대한 인물인지 아니면 독재자인지를 규명해야 할 것입니다. 먼저 원고 측 변호인의 이야기를 들어 보도록 하겠습니다.

김딴지 변호사　오늘날 경기도 수원에 있는 화성은 1997년 세계 문화유산으로 등재되어 많은 사람들의 사랑을 받고 있습니다. 화성이

경기도 수원에 있는 화성은 1997년 세계 문화유산으로 등재가 되어 많은 사람들의 사랑을 받고 있습니다.

세계 문화유산이 되었다고 해서 화성을 쌓은 피고의 원죄가 달라지는 것은 없습니다. 피고는 백성을 위해 화성을 쌓았다고 하는데 실제로는 전혀 그렇지 않습니다. 그래서 오늘 이 법정에서 피고가 화성을 쌓음으로서 국가 경제가 파탄 난 것을 적나라하게 폭로할 것입니다. 오늘 증인으로 오사카 성을 쌓은 도요토미 히데요시를 부르겠습니다.

판사　아니, 도요토미 히데요시라면 임진왜란을 일으킨 장본인 아닌가요? 그는 조선 역사에서 불구대천의 원수인데 그를 증인으로 부른단 말입니까?

김딴지 변호사　네, 그렇습니다. 그는 임진왜란을 일으킨 장본인이 맞습니다. 그래서 그를 부른 것입니다. 그는 오사카 성을 쌓고 이 성을 기점으로 조선을 침공한 것입니다. 오사카 성을 쌓기 위해 수많은 일본인이 죽고 나라 경제는 나빠졌습니다. 그 실상이 화성을 쌓은 것과 거의 비슷합니다. 그래서 그를 증인으로 채택하고자 합니다.

판사　좋습니다. 그럼 도요토미 히데요시는 증인석으로 나와 주십시오!

　도요토미 히데요시가 증인석으로 나오자 법정 안의 모든 사람들이 야유를 보냈다. 그 모습을 지켜보던 김딴지 변호사와 원고인 정순 왕후의 표정이 살짝 일그러진다. 하지만 도요토미 히데요시는 실쭉실쭉 웃으며 증인석으로 들어섰다.

도요토미 히데요시　본인은 오늘 법정에서 증인으로서 거짓 없이 진실만을 이야기할 것을 선서합니다.

판사　증인이 임진왜란을 일으킨 장본인이자 오사카 성을 쌓은 도요토미 히데요시가 맞습니까?

도요토미 히데요시　맞습니다. 그런데 오늘 이 자리는 임진왜란과 관계없으니 그런 이야기는 안 하셨으면 합니다.

판사　아! 그렇군요. 그 일은 오늘의 재판과 특별한 연관이 없으니 변호인들도 오사카 성을 중심으로 질문해 주시기 바랍니다.

김딴지 변호사　증인은 오늘날 일본의 3대 성으로 불리는 오사카 성을 쌓은 장본인입니다. 당시 성을 쌓을 때 일본 백성들은 성 쌓기를 좋아하였습니까?

도요토미 히데요시 으흠! 당연하죠. 내가 멋있고 안전하게 살기 위해 쌓은 성이니 당연히 좋아했죠! 하하.

김딴지 변호사 증인, 오늘 거짓을 이야기하면 증인은 영원히 지옥에서 나올 수 없습니다. 진실을 이야기하셔야 합니다. 일본 백성들이 좋아하였습니까?

도요토미 히데요시는 '지옥'이란 말에 당황하며 얼른 말을 바꾸었다.

도요토미 히데요시 아닙니다. 그렇지 않았습니다. 당시 일본 백성들은 오사카 성을 쌓는 것을 너무 싫어하였습니다.

김딴지 변호사 왜 그렇게 싫어하였죠?

도요토미 히데요시 싫어하는 것이 당연한 것 아니겠어요? 농사를 지어야 할 시기에 농사도 못 짓고 강제로 끌려와서 성 쌓는 일에 동원되니 좋을 리가 있겠습니까?

김딴지 변호사 오사카 성을 쌓을 때 기술자들과 일꾼들을 강제로 불러들였나요?

도요토미 히데요시 그거야 당연한 것 아닙니까? 나라의 주인인 내가 살기 위해 성을 쌓는데 백성들이 무조건 와서 일을 해야죠! 와서 일한다고 돈을 준다는 것이 말이 됩니까? 내가 왕보다 더 힘센 사람인데…….

　일만 시킨 것이 아니라 성을 쌓을 재료를 사기 위해 백성들에게 강제로 돈도 걷었어요. 이에 더해서 나의 위용을 과시하기 위해 20미터 이상 되는 큰돌을 200킬로미터나 떨어진 곳에서 한 달 이상 걸려 가져오게도 했죠. 덕분에 오늘날 멋있는 오사카 성이 남아 있

　　왜 정조는 화성을 쌓았을까?

는 것 아니겠습니까!

김딴지 변호사　　그렇다면 당시 일본의 백성들은 성곽 쌓는 일로 당신을 원망하지 않았을까요?

도요토미 히데요시　　당연히 그랬겠죠! 전 세계 어느 나라 백성이 성곽을 쌓는 일을 기뻐하겠습니까? 지옥에서 베르사유 궁전을 만든 루이 14세를 만났는데 그도 백성들의 원망이 하늘을 찔렀다고 하더군요. 자고로 성을 만든 제왕을 좋아하는 백성은 하나도 없어요.

김딴지 변호사　　오사카 성을 쌓을 때 나라 경제는 어땠나요?

도요토미 히데요시　　많이 안 좋았어요. 내가 일본을 통일하기까지 200여 년 동안 전쟁을 했기 때문에 나라가 황폐해졌죠. 당연히 경제도 나빴죠.

김딴지 변호사　　그런 어려운 상황인데 성을 쌓을 생각을 한 것은 국가 지도자로서 잘못한 것 아닙니까? 증인은 화성을 쌓은 피고도 당신과 같이 자신을 위해서 쌓은 것이라고 생각하시나요?

도요토미 히데요시　　국가 지도자가 편하게 살자는데 백성들이 그 정도 하는 것은 당연한 것 아닙니까? 그리고 조선의 국왕인 정조 역시 개인의 이익을 위해 쌓은 것이 틀림없어요. 원래 국왕들은 백성들의 삶보다 자신을 위해 성을 쌓는다고 나는 생각합니다.

김딴지 변호사　　판사님! 그리고 배심원 여러분! 증언을 잘 들으셨을 것입니다. 나라 경제가 어려운데도 국가 지도자가 개인의 이익을 위하여 성을 쌓는 것이 얼마나 나라와 백성들에게 잘못하는 일인지를 알 수 있습니다. 결국 피고 정조 역시 개인의 이익을 위하여 화성을 쌓은 것입니다. 그러니 피고는 죄인입니다. 이상으로 도요토미 히데요시에 대한 신문을 마치겠습니다.

이대로 변호사 아니, 저런 천하의 나쁜 인간을 데려다 증인을 세우다니 말이 안 됩니다. 저는 화성 축성이 조선의 경제를 망친 것이 아니라 오히려 살린 것임을 확인시켜 줄 증인을 부르겠습니다.

판사 좋습니다. 그렇다면 원고 측 증인 도요토미 히데요시는 퇴장하시고 피고 측 증인을 부르도록 하겠습니다.

이대로 변호사 미국의 경제를 살린 제32대 루스벨트 대통령을 증인으로 부르도록 하겠습니다.

판사 양쪽에서 증인들을 국제적으로 확보했군요. 일본인이든 미국인이든 증언에 필요하다면 허락하겠습니다. 루스벨트 대통령은 증인석으로 나오시기 바랍니다.

루스벨트가 증인 선서를 하는 동안 정조는 자신 있는 표정으로 증인을 바라보았다.

이대로 변호사 증인 루스벨트는 미국의 대통령이 맞습니까?

루스벨트 네. 제가 미국 역사상 네 번을 **연임**(連任)하여 대통령을 지낸 프랭클린 루스벨트입니다.

이대로 변호사 당신이 네 번을 연임하여 대통령을 하게 된 이유가 무엇이라고 생각하십니까?

루스벨트 　그거야 당연히 미국 국민들이 저를 좋아해서 그런 것이라 생각합니다.

이대로 변호사 　무엇 때문에 미국 국민들이 당신을 좋아했습니까?

루스벨트 　그것은 너무도 간단합니다. **대공황** 때문에 고통에 빠져 있는 미국 국민들을 어려운 경제로부터 살렸기 때문입니다.

이대로 변호사 　그렇군요. 대공황으로 국민들이 일자리를 잃어 먹고살기 힘들었을 텐데 어떻게 경제를 살릴 수 있었습니까? 그것이 매우 궁금합니다.

루스벨트 　저는 대공황으로 망가진 미국을 살리기 위해 **뉴딜** 정책을 추진하였습니다. 당시 실업자는 노동력의 1/3을 차지하는 1700만 명이었고, 생산은 1929년의 절반으로 떨어졌으며, 500여 개의 은행이 파산했습니다. 전 국민 모두가 하루 앞을 예측할 수 없는 상황이었죠. 그래서 대규모 토목 공사를 벌여 일자리를 잃은 국민들을 불러 모아 댐과 도로, 공항 등을 건설하고 건설에 참여한 사람들에게 인건비를 주어 가정을 지킬 수 있게 하였습니다.

이대로 변호사 　경제를 살리기 위해 오히려 대규모 공사를 한 것이군요. 가장 대표적인 토목 공사는 어떤 것이었습니까?

루스벨트 　테네시 강 유역 개발 공사(TVA)라고 할 수 있습니다. 미국에서 가장 낙후된 테네시 강 지역에 10여 개 이상의 댐과 발전소를 건설하는 대규모 사업이었습니다. 이 사업으로 7개 주에 걸쳐 고

대공황
대공황은 1928년부터 일부 국가에서 일어나기 시작한 경제 공황이 1929년 10월 24일, 뉴욕 주식 시장의 대폭락, 즉 검은 목요일에 의하여 촉발되어 전 세계로 확대된 경제 공황입니다.

뉴딜 정책
1932년 대통령에 취임한 민주당 출신의 프랭클린 D. 루스벨트가 대공황을 극복하기 위해 만든 경제 회생 정책을 뉴딜 정책이라고 해요.

용이 창출되었고 전기를 생산했으며, 이에 따라 공장 건설이 일어나고 공장 건설은 또다시 고용을 창출함으로써 소비를 진작시켜서 결국은 생산 부문의 확대로 이어졌습니다. 오늘날 이 사업은 환경 오염의 주범으로 비판받기도 하지만 그래도 당시에는 가장 성공적인 뉴딜의 사례였습니다.

이대로 변호사   판사님, 대규모 공사라고 해서 무조건 나쁜 것은 아닙니다. 오사카 성을 쌓을 때는 강제로 노동을 시키고 백성들로부터 강제로 세금을 걷어 거꾸로 국가 경제를 망가트렸지만, 미국 루스벨트 대통령의 뉴딜 정책은 대공황으로 망가져 있는 미국의 경제를 회복시켰던 것입니다. 화성 축성 역시 어려운 경제를 일으킨 공사입니다. 그래서 한 명의 증인을 더 신청하려고 합니다.

판사   그건 형평에 맞지 않습니다. 원고 측은 도요토미 히데요시 한 명이었는데 피고 측에서 두 명을 부른다는 것은 맞지 않아요. 두 변호인이 먼저 상의해서 제게 알려 주세요.

    두 변호사는 서로 상의하여 증인에게 각각 질문을 하기로 한 뒤 판사에게서 증인 출석을 허락받았다.

판사   그럼 새로운 증인을 부르도록 하겠습니다. 피고 측 변호인, 증인이 누구입니까?

이대로 변호사   피고 정조가 국왕으로 있을 때 화성을 설계한 정약용입니다.

판사   증인은 나와서 증인 선서를 하십시오. 그리고 두 변호인은 증인에게 간단하게 물어보셨으면 합니다.

정약용이 증인석으로 나와 선서를 하였다.

이대로 변호사   증인은 화성을 설계한 장본인으로 알려져 있는데 맞습니까?

정약용   맞습니다. 전하의 명령으로 ▶화성을 설계하였습니다.

이대로 변호사   당신이 설계한 화성이 세계 문화유산이 되었는데 감회가 어떻습니까?

정약용   화성이 세계 문화유산이 된 것은 제 노력이 아니라 모두 전하의 덕택입니다. 화성이 세계 문화유산이 된 것은 18세기에 만들어진 군사 건축물의 모범이고 너무도 아름다운 성이기 때문입니다. 전하는 제가 화성을 설계하기 전에 중국의 『무비지』와 『기기도설』 등 성곽을 설계하는 데 필요한 다양한 책을 보내 주셨어요. 그래서 저는 그 책을 통해 조선의 축성법을 기반으로 중국과 일본 그리고 서양의 축성법을 화성에 담았습니다. 그러니 제 능력이 아니라 전하의 수준 높은 지혜로 된 것입니다.

이대로 변호사   당시 백성들은 화성 축성에 대하여 원망을 하였습니까?

『무비지』
중국 명나라 시대 장수인 모원의가 역대 군사 관계 서적 2000여 종을 모아 1621년에 완성한 전투 장비에 대한 전문 서적입니다.

『기기도설』
1627년 중국에서 예수회 선교사 테렌츠가 성곽을 쌓기 위해 다양한 기계의 도면과 기능을 정리한 기술 서적을 말해요.

교과서에는

▶ 정조는 수원으로 사도 세자의 묘를 옮기고, 화성을 세워 정치적·군사적 기능을 부여함과 동시에, 상공인을 유치하여 자신의 정치적 이상을 실현하는 상징적 도시로 육성하고자 하였습니다. 특히 화성 행차 시 일반 백성들과 접촉하는 기회를 확대하여 이들의 의견을 정치에 반영하였습니다.

거중기

1794년 화성 축성에 사용된 기계로서 정약용에 의해 만들어졌어요. 왕실에서 1기를 만들어 하사하였는데, 도르래의 원리를 이용하여 무려 7톤의 돌까지 들어 올릴 수 있었지요.

녹로

1794년 화성 축성에 사용된 기계로서 정약용에 의해 만들어졌어요. 높이가 무려 11미터에 이르는 크레인으로 화성의 성벽 돌을 들어 올리는 데 사용했습니다.

정약용　무슨 말씀이세요? 그렇지 않습니다. 모두들 화성 축성을 좋아하였습니다. 당시 임진왜란과 병자호란으로 토지가 많이 황폐화되고 선대왕인 숙종과 영조 시절에 지구가 소빙하기로 접어들어 가뭄과 홍수가 많았습니다. 그래서 경제가 많이 안 좋았는데, 화성 축성을 통해서 일자리가 많이 생겨 경제가 좋아졌습니다.

이대로 변호사　그렇다면 조금 전의 증인인 루스벨트 대통령이 했던 뉴딜 정책과 상당히 유사하겠군요!

정약용　당연합니다. 오히려 미국의 뉴딜 정책보다 훨씬 우수한 정책이었죠. 제가 거중기와 녹로와 같은 과학 기계를 만들어 쉽고 편하게 돌을 나르고 쌓을 수 있었습니다. 그리고 일한 만큼 철저하게 임금을 지불해서 백성들 모두가 기뻐하였죠.

이대로 변호사　그렇다면 원고 측에서 이야기하는 백성들을 괴롭히고 나라 경제를 망쳤다는 말은 거짓이군요.

정약용　당연히 거짓입니다. 정조 임금은 백성들을 강제로 일하게 하지 않았습니다. 기술자에서부터 막일꾼까지 모두 품값을 주었고, 한여름에는 더위 먹지 말라고 척서단이라는 약을 주었고 겨울에는 따뜻한 솜옷과 털모자를 나누어 주었습니다. 너무도 인간적으로 대우해 주어서 백성들이 임금님의 은혜에 감동했는걸요.

이대로 변호사　화성을 축성하는 비용은 얼마였고, 그 돈을 어떻게 마련했나요? 백성들에게 강제로 거둔 것은 아닙니까?

정약용　무슨 그런 말씀을 하세요? 백성들에게 강제로 돈을 걷다

니! 당시 총공사비는 87만 냥이었습니다. 당시 엄청난 돈이었죠. 그 중의 반이 재료비이고 반은 인건비입니다. 이 돈은 정조 임금이 왕실에서 검소하게 사시면서 모은 돈과 쓸데없는 군대를 통합하여 모은 돈으로 마련한 것입니다.

이대로 변호사　그러면 실제 화성을 만들기 위해 백성들에게 거둔 돈은 하나도 없는 것이군요. 백성들도 자발적으로 와서 일하고 그 대가를 받았으니 오히려 백성을 위해 만든 성이 맞겠군요. 제 질문은 이것으로 마치겠습니다.

판사　양 변호인의 합의에 따라 이번에는 원고 측 변호인이 질문하겠습니다.

김딴지 변호사　증인 정약용은 피고인 정조와 아주 가까운 사이였죠?

정약용　신하인 제가 어떻게 감히 전하와 가깝다고 할 수 있겠습니까? 다만 전하가 저를 총애하신 것만큼은 맞는 것 같습니다.

김딴지 변호사　피고가 증인을 그냥 좋아한 것이 아니라 두 사람이 화성을 가지고 뭔가 흉계를 꾸민 것이 틀림없습니다. 증인, 피고가 증인에게 화성 설계를 지시한 것이 언제입니까?

정약용　1792년(정조 16) 12월입니다. 축성을 시작하기 13개월 전입니다.

김딴지 변호사　당시 증인은 부친 정재원이 죽어서 상중이었습니다. 조선 시대 선비들이 부친 상중에 이런 일을 하여도 괜찮은 것입니까?

정약용이 순간 얼굴이 빨개지면서 정조의 얼굴을 쳐다보았다.

정약용　　물론 그때 제가 상중이었던 것은 사실입니다. 하지만 전하께서 너무 중요한 일이라고 하셔서 제가 기본 설계를 하게 된 것입니다.

김딴지 변호사　　바로 이것입니다. 피고 정조는 뭔가 흉계를 꾸미기 위해 자신의 충실한 신하인 정약용에게 은밀히 지시를 한 것입니다. 더구나 국방비를 줄여서 성곽을 쌓았다고 하는데 이것은 대단히 잘못된 것 아닙니까? 임진왜란과 병자호란을 기억 못하시나요?

정약용　　저는 그렇게 생각하지 않습니다. 물론 국방비를 줄인 것이 문제가 될 수 있지만 쓸데없이 놀고먹는 군대를 통합한 것이라 국방에는 문제가 없었다고 생각합니다.

김딴지 변호사　　그건 원고 생각이지 다른 사람들은 그렇게 생각하지 않았어요. 아까 백성들 모두가 화성 축성을 좋아하였다고 했는데 정말 모든 사람들이 다 좋아했나요?

정약용　　사실은 반대도 많았습니다. 나라 경제도 어려운데 성곽을 쌓는다고 선비들과 조정의 신하들이 상소를 올렸습니다.

김딴지 변호사　　그들의 상소가 아주 잘못된 것이었나요?

정약용　　물론 그들의 주장이 아주 잘못된 것은 아니라고 생각합니다. 그들 입장에서는 그렇게 생각할 수도 있겠죠. 하지만 저는 화성 축성은 백성들을 위한 성이라고…….

이때 김딴지 변호사가 손을 들어 올리며 정약용의 말을 끊었다.

김딴지 변호사　아! 증인, 그만 됐습니다. 판사님, 지금 증인은 당시 화성 축성에 반대가 있었다고 했고 그 말에도 일리가 있었다고 했습니다. 이것으로 제 질문은 모두 마치겠습니다.

판사　좋습니다. 증인은 들어가시고요. 화성 축성에 대한 재판은 이 정도에서 마무리하겠습니다. 잠시 휴정을 하고 다음 주제로 넘어가겠습니다.

　왜 정조는 화성을 쌓았을까?

정조는 왜 어머니 혜경궁의
회갑 잔치를 화성에서 하였을까?

2

판사 이제 두 번째 주제를 가지고 재판에 들어가겠습니다. 이번에는 피고 정조가 이야기한 천년 만의 경사인 피고 정조의 어머니 혜경궁의 회갑 진찬연에 대해 이야기하도록 하겠습니다. 사실 우리 민족은 효를 실천해 온 민족입니다. 따라서 효를 실천한 혜경궁의 회갑연은 문제가 없습니다. 그런데 원고 측에서 이 행사는 효를 빙자한 정조의 왕권 강화 음모라고 규정하고 있습니다. 진정한 효도를 실천한 행사인지 왕권 강화 음모인지 두 변호인은 증인을 통해 밝혀 주셨으면 합니다.

김딴지 변호사 피고의 음모를 확인시켜 주기 위하여 새로운 증인보다 원고인 정순 왕후가 직접 진술하도록 하겠습니다. 원고가 얼마나 비참한 대우를 받았는지 공개할 것입니다.

정순 왕후가 일어서자 방청석에 있던 지지자들이 환호하며 박수를 쳤다. 정순 왕후는 잠시 피고인 정조를 흘기며 바라보았다.

김딴지 변호사   원고는 1795년 윤2월에 있었던 며느리 혜경궁의 회갑 진찬연을 기억하고 계시나요?

정순 왕후   기억하다마다요. 제 인생에서 가장 비참했던 때를 왜 기억을 못하겠습니까?

김딴지 변호사   아니, 며느리의 회갑 잔치가 원고의 인생을 비참하게 하다니 그것이 무슨 소리입니까?

정순 왕후   여기 있는 피고는 순전히 자기 핏줄밖에 모릅니다. 당시 국왕의 어머니 회갑 잔치를 한다면서 화성으로 자기들끼리 내려가서 잔치를 했죠. 할머니인 나와 자기 아내인 효의 왕후는 서울에 버려 두고 갔으니 그것이 어찌 나를 공경하는 것이겠습니까?

김딴지 변호사   당시에 수원 화성에서 열렸던 며느리의 회갑 잔치에 원고를 모시고 가지 않았군요.

정순 왕후   그렇습니다. 화성에 내려가기 전부터 창덕궁에서 며느리가 가마 타기 연습도 하고 음식 준비도 하면서 대단히 시끌벅적했어요. 그렇지만 나는 철저히 소외되었죠.

김딴지 변호사   왜 원고를 소외시켰을까요?

정순 왕후   그것은 이유가 있어요. 내가 이 자리에서 밝히고 싶은 내용입니다. 원고인 정조가 수원에서 혜경궁의 회갑연을 해 준다는 것은 핑계이고 실제로는 화성에서 군사 훈련을 해서 우리 노론 세력들을 없애려고 했던 것이에요. 내가 노론 신하들을 통제하는 힘을 가지고 있으니 나를 배척한 것이지요.

김딴지 변호사 아니, 정말 그런 음모가 있었단 말입니까? 그게 사실이라면 정말 놀라운 일입니다.

정순 왕후 일단 행차의 규모를 보면 알 수 있습니다. 어머니 회갑 잔치 가는데 수행 인원이 무려 6000여 명이나 되는 것이 말이 됩니까? 그것도 대부분 자신이 만든 장용영 군사들이었습니다. 이것은 행차가 아니라 철저한 무력 시위입니다. 너희들 내 말 안 들으면 가만히 안 둔다 이런 것 아닌가요?

김딴지 변호사 그렇다면 왜 아내인 효의 왕후를 창덕궁에 두고 갔을까요?

정순 왕후 그거야 뻔한 것 아닌가요? 아내까지 데리고 가면 나만 남겨 두고 갔다고 지탄을 받을 것 아니겠어요? 그리고 효의 왕후도 청풍 김씨 노론 집안의 자식이니 좋아했을 리가 없죠.

김딴지 변호사 원고의 이야기를 들어 보니 그렇군요. 그런데 구체적인 내용이 있어야 정조의 음모를 이야기할 수 있을 것 같습니다.

정순 왕후 당시 8일 동안 화성 행차를 했는데 내려가고 올라오는 데 보낸 시간만 4일입니다. 이것은 앞서 이야기한 대로 철저하게 왕권을 보여 주기 위한 시위였습니다. 그리고 화성에 가서 혜경궁을 위해 쓴 시간은 두 번밖에 없었어요. 나머지는 주로 군사 훈련이었습니다.

김딴지 변호사 아니, 군사 훈련이라니요?

정순 왕후 원고는 자신이 만든 화성과 그 안에 주둔한 군대인 장
용영의 위용을 시험하고 싶었던 것이죠. 그래서 주변의 용인, 시흥,
과천, 진위, 안산에 있는 장용영 협수군까지 동원해서 무려 1만여 명
이 대규모 군사 훈련을 했어요. 이것이 우리 노론 세력을 제압하기

왜 정조는 화성을 쌓았을까?

위한 훈련이지 어떻게 백성을 위한 것입니까?

김딴지 변호사　거기에 더해서 무과 시험도 보았다고 하더군요?

정순 왕후　지역의 인재를 선발한다는 핑계를 대고 과거 시험을 보았죠. 문과에 5명, 무과에 56명을 뽑았어요. 원래 과거 시험은 문과를 더 많이 뽑고 무과 인원을 적게 뽑는데 화성에서는 무과 인원을 10배나 더 뽑은 것이에요. 이것은 무사들을 더 많이 뽑아 자신의 왕권을 위해 사용하려 한 것이지 지역 인재를 찾기 위해 뽑은 것이 아니랍니다.

김딴지 변호사　이야기를 듣고 보니 그렇군요. 혹시 화성 행차와 관련해서 백성들의 원성은 없었나요?

정순 왕후　원성이 왜 없었겠어요. 화성으로 어머니 편히 모시고 내려간다고 기존에 다니던 과천 길을 버리고 노량나루에서 시흥을 거쳐 수원으로 가는 새로운 길을 만드니 백성들의 원성이 자자했어요. 백성들이 고생하고 힘들어하는데 어머니 회갑 잔치가 그리 중요한가요?

김딴지 변호사　원고의 이야기를 들어 보니 우리가 그사이 잘못 알고 있었던 것이 너무 많습니다. 피고인 정조가 지극한 효자이고 효를 실천한 대표적인 행사가 화성에서 열린 회갑 잔치라고 알고 있었는데, 이것이 철저히 자신의 왕권을 강화하고 노론 세력을 약화시키는데 이용한 것이라는 결정적 진실을 알게 되었습니다. 이상입니다.

판사　좋습니다. 피고 측 변호인은 원고에게 물어볼 말이 있습니까?

이대로 변호사　없습니다. 어차피 진정성 있는 이야기를 안 할 것이기 때문에 들을 필요 없습니다.

판사   그럼 원고는 자리로 돌아가 주십시오. 피고 측 변호인은 증인을 불러서 신문해 주십시오.

이대로 변호사   저는 이 논란의 주인공이자 피고의 친어머니인 혜경궁을 증인으로 부르겠습니다.

판사   허락하겠습니다. 증인은 앞으로 나오세요.

이대로 변호사   증인은 자기소개를 해 주시기 바랍니다.

혜경궁   안녕하세요! 피고로 앉아 있는 정조 임금의 친어머니입니다. 한중록의 저자로 많이 알려져 있습니다.

이대로 변호사   단도직입적으로 물어보겠습니다. 증인의 아들인 피고는 효자입니까, 아닙니까?

혜경궁   그런 질문 자체가 부적절합니다. 제 아들 정조는 당연히 효자입니다. 그것도 아주 대단한 효자입니다.

이대로 변호사   원고인 정순 왕후와 다른 의견이시군요. 어떻게 효를 실천했는지 몇 가지 사례만 말씀해 주시겠습니까?

혜경궁   11세에 아버지 사도 세자가 죽고 저와 3년 동안 떨어져 살았습니다. 저는 창덕궁에 살고 당시 세손은 할아버지 영조와 함께 경희궁에 살았죠. 그때 세손은 단 하루도 빼지 않고 제게 아침마다 편지를 보내오고 제 답장을 받기 전엔 아침을 먹지 않았어요.

이대로 변호사   정말 대단하군요. 그 어린 나이에 어머니를 생각하는 것이 놀랍습니다.

혜경궁   그것은 아주 작은 일입니다. 국왕이 되어서도 내가 아프면 며칠이고 간호를 하고 심지어 내게 종기가 나면 그 고름을 입으로 빨아서 저를 치료해 주었어요.

이대로 변호사 국왕이 의관을 시키면 되지 직접 더러운 고름을 입으로 빨아서 뽑아냈단 말인가요?

혜경궁 그렇습니다. 이는 보통 사람이 할 수 있는 일이 아니지요. 그러니 진정한 효자라고 할 수 있죠.

이대로 변호사 피고가 효자인 것은 이미 증명되었습니다. 지금 원고가 화성에서 열렸던 증인의 회갑 잔치가 사실은 증인을 위한 것이 아니라 노론 세력을 없애고자 한 비밀 음모라고 합니다. 여기에 대해서는 어떻게 생각하십니까?

혜경궁 그건 말도 안 되는 이야기입니다. 주상인 정조는 그런 생각을 하지 않았어요. 화성에서 회갑 잔치를 한 것은 모두 저와 돌아가신 제 남편 사도 세자를 위한 것이었습니다.

이대로 변호사 사도 세자를 위하다니 무슨 말씀이세요?

혜경궁 저와 제 남편인 사도 세자는 동갑입니다. 그러니 당시에 저만 회갑이 아니라 돌아가신 세자도 회갑인 것이었지요. 그러니 두 사람을 위한 회갑 잔치를 남편의 묘소가 있는 수원 화성에서 하려고 한 것입니다. 더구나 제가 28세에 남편을 잃고 한번도 남편 묘소에 가 본 적이 없었어요. 그래서 남편 묘소에 갈 수 있도록 한 것입니다.

이대로 변호사 정말 슬픈 일이군요. 33년간 남편 묘소에 가지 못했다니 말입니다. 그런데 노론 세력을 없애고자 군사 훈련을 했다는 주장에 대해선 어떻게 이야기할 수 있나요?

주상
임금을 달리 이르는 말입니다.

혜경궁　　그것은 오해에서 비롯된 것입니다. 화성에 가서 군사 훈련을 한 것은 사실이지만 그것은 화성 성곽의 우수성을 시험하기 위한 것이자 장차 외세의 침략에 대비하여 백성과 군사들이 함께 훈련하는 것을 전국에 보급시키기 위한 예비 훈련이었을 따름입니다.

이대로 변호사　　화성에서 피고와 증인이 한 일을 말해 주시겠어요?

혜경궁　　수원에 내려가서 제일 먼저 한 일은 향교에 가서 공자님께 참배한 것입니다. 아시다시피 주상은 대단한 유학자입니다. 조정의 신하들이 스승이자 군주라고 부를 정도로 학문이 높은 분입니다. 그래서 공자님께 참배하고 뒤이어 제 회갑 잔치를 위한 예행 연습을 했어요.

이대로 변호사　　예행 연습을 했다니요? 한양에서 미리 준비하지 않았나요?

혜경궁　　주상이 비록 어머니를 위한 천년 만의 경사이지만 비용을 최대한 절감하면서 검소하게 치르자고 해서 궁중의 궁녀와 악사들을 많이 데리고 오지 않았어요. 수원 지역에 있는 기생들을 데려다 함께 하기로 했어요. 한번도 이런 행사를 해 본 적이 없는 기생들이어서 예행 연습을 한 것이죠. 물론 당일 처음 하는데도 차분히 잘해 주어 성공적으로 끝났어요.

이대로 변호사　　사도 세자의 묘소인 현륭원에도 다녀오셨겠군요. 33년 만에 가 본 기분이 어땠습니까?

혜경궁　　현륭원에 가기 전에 주상하고 약속을 했어요. 절대로 눈물을 흘리지 않겠다고요. 그런데 남편의 묘소를 보자마자 제가 기절을 했어요. 너무 슬퍼서 어쩔 수가 없었죠. 그래서 제가 쓰러지는 바람에 주상이 행사를 포기하고 저를 데리고 화성 행궁으로 돌아왔어요. 주상에게 참으로 미안했어요.

이대로 변호사　　그 외에 다른 일은 없었나요?

혜경궁　　지역의 인재를 뽑기 위해 과거 시험을 보았고, 저와 동갑인 수원 지역의 백성들을 위로하기 위해 **양로연**을 하였죠. 주상이 얼마나 나이 드신 분들을 공경하는지 백성들이 다 알고 너무 고마워했죠.

이대로 변호사　　그렇다면 문제는 군사 훈련인데 이것이 정말 노론을 무찌르기 위한 의도적 훈련이 아니라 외세를 극복하기 위한 훈련이었나요?

혜경궁　　당연하죠. 주상이 비록 노론에 의해 고통을 받았지만 그런 마음을 가지고 있지 않은 분이에요. 얼마 전에 나온 노론 벽파의 우두머리인 심환지에게 보낸 **비밀 어찰**에서도 보이듯이, 주상은 모든 사람들과 소통하며 함께 정치하려 했어요. 그날의 군사 훈련은 정말 백성들과 군사들의 합동 군사 훈련으로 요즘의 민방위 훈련과 비슷한 것이에요.

이대로 변호사　　원고 쪽에서 당신의 회갑 잔치 때문에 비용이 많이 들어갔고 백성들을 괴롭혔다고 주장하고 있는데 이 문제에 대해 어떻게 생각하십니까?

혜경궁　　저도 그 점에 대해서는 안타깝게 생각해요. 일부 관리들이 시흥 길을 내는 것에 대해 세금을 부과하고 백성들을 동원하여

양로연
조선 시대에 나라에서 노인을 공경하고 풍습을 바로잡기 위해 베풀던 잔치입니다. 해마다 9월에 베풀었고 80세 이상의 노인들이 참석했지요.

비밀 어찰
왕이 신하들에게 보내는 은밀한 편지로서 처음 효종이 송시열에게 보낸 것이 시초예요. 정조는 신하들에게 비밀 어찰을 자주 보내 정책을 조율했습니다.

8폭 병풍

1795년 윤2월에 있었던 정조의 8일간 화성 행차를 그림으로 그려 8폭의 병풍으로 만들었어요. 배다리를 만들어 한강을 건너는 〈한강주교환어도〉, 수원 향교를 참배하는 〈화성성묘전배도〉, 문무과 과거 시험 합격자를 축하하는 〈낙남헌방방도〉, 혜경궁 홍씨 회갑 진찬연을 그린 〈봉수당진찬도〉, 수원의 노인들을 대접하는 〈낙남헌양로연도〉, 화성의 군사 훈련을 그린 〈서장대야조도〉, 득중정에서 정조가 활을 쏘는 것을 그린 〈득중정어사도〉, 시흥에서 서울로 돌아가는 행렬을 그린 〈환어행렬도〉 등이 있지요.

일을 시킨 것은 사실입니다. 그런데 그것은 절대 주상의 뜻이 아니었어요. 주상이 그 사실을 알고 암행어사를 보내 그러한 관리들을 모두 파직시켰죠. 그래서 백성들이 주상의 진심을 알게 되었어요. 이러한 내용보다 더 중요한 것이 있어 백성들이 모두 기뻐했어요.

이대로 변호사   그게 무슨 내용인가요? 국왕의 행차를 볼 수 있게 해 준 것 때문에 백성들이 좋아했다는 것인가요?

혜경궁   물론 그것도 있습니다. 조선 시대에는 국왕의 행차를 마음대로 볼 수 없었는데 우리 주상은 자신의 행차를 모든 백성들이 마음껏 볼 수 있게 해 주었잖아요. 그래서 김홍도가 그린 8폭 병풍에서도 백성들이 편하게 앉아서 행차를 구경하는 모습을 볼 수 있어요. 우리 주상은 제 아들이라서가 아니라 진정으로 백성들을 사랑했던 군왕입니다. 그리고 행차 비용을 아껴 2만 냥을 모아 1만 냥은 저수지를 만들고 1만 냥은 논과 밭을 개간하고 사는 데 사용했어요. 이로써 토지 없는 백성들이 이곳에 모여 농사를 지으며 행복하게 살 수 있었죠.

이대로 변호사   마지막으로 증인은 자신의 회갑 잔치를 위한 화성 행차를 어떻게 생각하십니까?

혜경궁   원고 측에서 이 행차에 대해 음모가 있다는 등의 이야기를 하지만 그것은 절대 아닙니다. 모든 것이 저에 대한 효심이자 백성을 위하고 새로운 도시 수원을 발전시키기 위한 것이었어요. 그것이 주상의 진심입니다.

이대로 변호사   판사님, 증인이 진실을 말했다고 생각합니다. 이로써 증인 신문을 마치겠습니다.

판사   화성 행차에 대해 더 이상의 증인 신문이 없으면 마지막 주제를 논의하기 전에 잠시 휴정을 하도록 하겠습니다. 잠시 후 다시 재판을 하겠습니다.

3

왜 정조는 상왕이 되어
화성으로 내려오려고 했을까?

판사   오늘 마지막 주제는 피고 정조가 화성을 건설한 진정한 이유가 무엇이냐는 것입니다. 기록에 의하면 피고가 아들인 순조가 15세가 되면 국왕의 지위를 물려주고 **상왕**이 되어 어머니 혜경궁을 모시고 화성으로 갈 준비를 하고 있었다고 합니다.

문제는 피고가 화성으로 내려가고자 했던 근본적인 이유가 무엇이냐는 것이지요. 원고 측에서는 친위 도시를 건설하여 노론 세력을 모조리 없애려고 했다는 것이고, 피고 측에서는 상왕이 가지고 있는 권한을 이용하여 백성들을 위한 개혁 정치를 하고자 했다는 것입니다.

양쪽이 모두 피고가 상왕이 되어 화성으로 내려가려 했다는 것에는 동의를 하는데 그 실제 내용에서는 엄청난 차이가 있습니다. 두 변호인은 원고, 피고와 상의하여 증인을 정하고 신문하여 주시기 바랍니다. 누가 먼저 시작할까요?

김딴지 변호사　　제가 먼저 하겠습니다. 이번 재판에선 이상하게 제가 먼저 한 것이 많은데, 아예 피고의 야욕을 적나라하게 드러내도록 하겠습니다. 그래서 저는 조선 시대 상왕으로서 대표적인 태종을 증인으로 모셔서 상왕과 **양경 체제**를 통해 정조가 왕권을 강화하고 노론 세력을 일망타진하려고 한 것을 확인하고자 합니다.

판사　　좋습니다. 그럼 증인은 앞으로 나오세요. 그리고 진실만을 이야기할 것을 선서하십시오.

태종　　저는 이 법정에서 증인으로서 진실만을 이야기할 것을 선서합니다.

김딴지 변호사　　증인은 자신에 대해 간단히 소개해 주세요.

태종　　저는 조선 시대 3대 국왕인 태종으로 태조 이성계의 다섯째 아들로 태어나 왕자의 난을 통해 왕이 되었습니다.

김딴지 변호사　　왕자의 난 등에 대해서는 이 법정에서 논의할 대상이 아니니 질문하지 않겠습니다. 중요한 것은 상왕의 권한과 역할인데요. 증인은 상왕을 하셨나요?

태종　　저야 당연히 상왕을 했죠. 제 아버지인 태조도 상왕을 했고 제 형인 정종도 상왕을 했어요. 저 역시 아들 세종에게 왕위를 물려주고 상왕을 했죠. 그것이 큰 문제가 되나요?

김딴지 변호사　　문제가 된다고는 안 했습니다. 다만 왕이 죽어야 다음 후계자가 왕이 되는데 상왕이라는 제도가 존재했다는 것이 약간

상왕
왕위에 있다가 세자에게 자리를 물려주고 은퇴한 왕을 말해요.

양경 체제
조선의 수도가 두 곳이라는 의미입니다.

이해가 안 가서요. 태조나 정종의 경우와 증인의 경우 상왕의 역할에서 차이가 있나요?

태종　어흠! 흠…… 당연히 다르죠. 다르고말고. 어디 감히 아버지와 형이 하던 상왕과 내가 했던 상왕이 같을 수 있겠습니까! 아버지와 형은 내가 국왕을 못하게 해서 상왕이 된 것이지요. 내가 국왕이 되고 싶은데 두 사람이 왕을 하고 있으니 할 수 없이 내쫓고 상왕이라 이름을 붙여 준 것입니다.

김딴지 변호사　그럼 당신이 했던 상왕은 아들 세종에게 쫓겨난 것이 아닙니까?

태종　쫓겨나다니요! 말도 안 되는 이야기입니다. 셋째 아들인 충녕 대군이 왕 노릇을 편하게 하게 해 주려고 내가 일찌감치 왕으로 만든 것이에요. 왕 옆에서 이리저리 청탁하고 왕의 권위에 간섭할 수 있는 사람들을 모조리 죽이거나 유배를 보내 세종의 국왕으로서의 권위를 세워 주려고 한 것이지요.

김딴지 변호사　일반적으로 상왕이 되면 아무런 힘이 없다고 생각하게 됩니다. 그런데 증인은 그렇지 않은 모양이지요?

태종　상왕이 무조건 힘이 없는 국왕이란 것은 조선 시대의 정치 현실을 잘 모르는 사람들이 하는 말입니다. 물론 우리 아버지 태조나 형인 정종은 내가 원체 힘이 세니까 왕으로서의 권한이 없었던 것이죠. 실제 상왕은 군사권, 인사권, 사법권을 가지고 있어요. 내가 상왕으로 있을 때 세종은 이 세 가지 권한을 가지지 못했답니다.

김딴지 변호사　그러면 상왕이 실제 국왕으로서 중요한 권한을 모두 가지고 있었군요. 자! 증인, 당신의 후손 중 지금 피고석에 앉아 있는 정조를 알고 계시나요?

태종　네, 알고 있습니다. 제 후손 중에서 아들인 세종과 더불어 가장 똑똑한 국왕으로 평가받죠. 그런데 정조가 왜 피고석에 앉아 있는 것이죠?

김딴지 변호사　피고 정조가 1804년에 상왕이 되어 화성으로 내려가고자 했어요. 거의 천도와 같은 수준인 것이죠. 화성에 엄청난 군사력과 상인들을 유치하여 화성을 서울에 버금가는 도시로 만들었어요. 그곳에 자기 세력을 많이 포진해 놓았는데 이러면 뭔가 음모가 있는 것 아닌가요?

태종　이야기를 듣고 보니 무엇인가 있는 것이 틀림없군요. 정조가 상왕이 된다는 것은 나처럼 힘을 가지고 상왕이 되는 것인데……. 판사님! 변호인에게 하나 질문해도 될까요?

판사　증인이 변호인에게 질문하는 것은 흔한 일이 아니지만 좋습니다. 질문하도록 하시죠.

태종　화성에 주둔한 군사력과 상인들, 그리고 화성의 수령들은 어떤 사람들이었나요?

김딴지 변호사　화성에 주둔한 군대는 피고가 직접 만든 장용영이라는 군대입니다. 그리고 약 5000여 명이 주둔하였는데 이들 모두가 무과 급제자 출신으로 월급을 받는 매우 용맹한 군사들이었습니다. 거기에다 상인들은 피고의 명령으로 화성으로 이사 오거나 수원 출신 중 똑똑한 상인들이었죠. 이들은 화성 안팎에 새로운 시전(市廛)

천도
한 나라의 수도인 도읍을 옮기는 것을 말해요.

시전
시장 거리의 가게를 말해요. 화성 시전은 축성 당시 왕의 재가를 받아 1만 5000냥을 무이자로 희망자에게 대출해 주어 만들게 한 상설 시장입니다.

을 만들었어요. 이 시전은 만들자마자 조선의 3대 시장이 될 정도로 조선 상업의 중심이 되었습니다. 더불어 화성에 임명받은 수령들은 당연히 피고와 가까운 사람들이었죠. 예를 들어 남인의 우두머리인 채제공 같은 사람입니다. 어떻게, 답변이 되었나요?

태종　네. 고맙습니다. 제가 정확한 진상을 알아야 정확히 답할 수 있지 않을까 해서 질문을 드렸습니다. 지금 김딴지 변호사의 이야기를 들어 보니 정조는 분명히 화성을 중심으로 자신의 친위 도시를 만들어 자신의 정적들을 몰아내고 자신이 정치를 마음대로 하려고 한 것이라는 판단이 듭니다.

김딴지 변호사　확실히 그렇습니까?

태종　제가 어떻게 왕이 되었는지 역사에서 다 배우지 않았습니까? 제가 볼 때 피고는 정적들을 몰아내기 위해 ▶화성을 집중적으로 건설한 것입니다. 군사력이 있기 때문에 정적들을 제거할 수 있고, 또한 상인들을 통해 많은 돈을 후원받을 수 있으니 이보다 더 좋은 곳이 어디 있겠습니까? 더구나 상왕은 인사권을 가지고 있으니 반대 세력을 제거할 수 있죠. 화성은 당연히 피고의 권력을 강화하기 위한 곳입니다.

김딴지 변호사　자! 피고의 조상이자 상왕으로서 엄청난 권력을 행사하였던 태종의 이야기를 들어 보았습니다. 피고는 상왕으로 물러나 조용히 살고자 했던 것이 아니라 더 큰 힘을 가지고 권력을 마음대로 하고자 했던 것입니다. 그러니 화성은 백성을 위한 도시가 아니라 피고 정조의 개인

도시일 따름입니다. 증인 신문을 이상으로 마치겠습니다.

판사 네, 좋습니다. 마지막까지 김딴지 변호사, 최선을 다하셨습니다. 그렇다면 피고 측 이대로 변호사의 반대 신문을 들어 보도록 하겠습니다.

이대로 변호사 원고 측 변호인은 증인으로 조선의 국왕이었던 태종을 선택하였는데, 저는 피고 정조가 가장 신뢰했던 신하 채제공을 증인으로 채택하겠습니다. 채제공이야말로 정조의 모든 것을 알고 있는 신하이기 때문입니다.

판사 증인은 증인석으로 나와 주세요. 증인은 진실만을 이야기할 것을 선서해 주십시오.

채제공 저는 오로지 진실만을 이야기하겠습니다.

이대로 변호사 증인은 영조, 사도 세자 그리고 정조 모두와 깊은 인연이 있다고 들었는데 간단히 그 관계를 설명해 주셨으면 합니다.

채제공 네. 저는 사도 세자가 죽을 때 도승지를 하고 있었습니다. 사도 세자의 죽음에 대해 저는 반대를 하였는데 그것을 영조 대왕이 높이 평가하였는지 세자가 죽던 날 저와 세손을 불러 "세자의 죽음에 대하여 세자도 본인도 잘못이 없었다. 두 사람을 이간질하여 세자를 죽게 만든 장본인은 김상로와 홍인한이다"라고 말씀하셨지요. 그때 제가 세손과 그 사실을 들었습니다. 이후 정조 임금이 즉위하신 후 우의정과 좌의정을 하고 초대 화성 유수를 하였습니다. 이후 영의정에 임명되었다가 다시 우의정을 하다 은퇴하고 1799년에 세상을 떠났습니다.

도승지
조선 시대 승정원의 으뜸 벼슬로 정3품 당상관직에 해당됩니다. 왕명을 신하들에게 전달하고 신하들의 의견을 국왕에게 전하는 일을 맡아 했어요.

이대로 변호사　　　그럼 피고가 죽기 전에 죽었다는 것이군요.

채제공　　안타깝게도 신하가 임금님을 모시는 소임을 다하지 못하고 먼저 죽었습니다. 죽어서도 죄송해서 임금님의 얼굴을 보지 못하고 있습니다.

　　이 말을 하면서 채제공이 정조의 얼굴을 바라보자 정조는 너무 미안해하지 말라는 표정을 지었다.

이대로 변호사　　　증인은 언제 화성 유수가 되었습니까?

채제공　　제가 화성 유수가 된 것은 1793년(정조 17)입니다. 정조 임금이 즉위하신 지 17년 된 해입니다. 당시 저는 좌의정을 하고 있었는데 위로 영의정이 공석이었습니다. 정조 임금은 저를 초대 화성 유수로 임명하셨습니다.

이대로 변호사　　　증인, 그렇다면 증인은 화성 유수로 임명될 당시 신하들 중에서는 가장 고위직이 아닌가요?

채제공　　그렇습니다. 정승 중에서도 수상이었죠.

이대로 변호사　　　피고가 최고의 정승이었던 당신을 화성 유수로 임명한 것은 분명히 중요한 임무를 주기 위한 것이었겠군요.

채제공　　그렇습니다. 전하께서는 제게 중요한 업무를 주셨습니다. 그 업무는 화성 축성 준비만이 아니라 화성에서 백성을 위한 새로운 개혁 정책을 만들라는 것이었습니다.

이대로 변호사　　　그런 일은 다른 사람들이 해도 되는 일이 아닌가요? 굳이 증인 같은 최고위직이 지방의 수령으로 가서 해야 할 일이 아닐 텐데요?

채제공 　전하께선 아버지 사도 세자의 새로운 고향인 수원의 도시 규모를 한양에 버금가게 만들고 싶어 하셨습니다.

이대로 변호사 　그 이유가 무엇인가요?

채제공 　앞서 원고가 제기했듯이 상왕이 되어 화성으로 내려오기 위해서였습니다. 전하는 진정 상왕이 되어 화성으로 오고자 하셨는데, 그것은 원고의 이야기처럼 노론 세력을 없애기 위한 친위 도시 건설이 목표가 아니었습니다.

이대로 변호사 　그러면 무엇 때문에 상왕이 되고자 하였던 것입니까?

채제공 　전하는 진정한 효자이셨습니다. 그래서 아버지 사도 세자를 국왕으로 받들고 싶어 하였습니다. 그런데 선대왕인 영조가 정조 임금이 국왕으로 있는 동안 사도 세자를 국왕으로 **추존**하지 말라고 하셨습니다. 그래서 자신이 국왕으로 있을 때는 사도 세자를 국왕으로 받들 수가 없어서 대신 수원 도호부 읍치에 있는 최고의 명당으로 사도 세자의 묘소를 옮긴 것입니다. 수원으로 묘소를 옮긴 다음 해 순조인 세자가 태어났습니다. 왕실의 관습상 세자가 15세가 되면 정치적 행위를 할 수 있기 때문에 아예 국왕의 지위를 물려주고 상왕이 되고자 했던 것이지요. 그러면 새로운 국왕이 할아버지인 사도 세자를 국왕으로 추존해도 영조 임금의 유언을 어기는 것이 아니고,

추존
왕위에 오르지 못하고 죽은 사람에게 왕의 칭호를 주는 것을 말해요.

유수부

유수부는 수도 한성부를 방어하는 군사 도시이자 행정 중심 도시입니다. 정조는 한성부 북쪽으로 개성 유수부, 서쪽으로 강화 유수부, 남쪽으로 화성 유수부, 동쪽으로 광주 유수부를 두었지요. 유수는 종2품 이상의 고위 관리로 6조의 판서보다 높은 지위에 있었습니다.

사도 세자를 국왕으로 받들어 자신의 효를 다할 수 있는 것입니다. 그래서 상왕이 되려 한 것입니다.

이대로 변호사   그런 깊은 뜻이 있었군요. 피고는 정말 대단한 효자가 아닐 수 없습니다. 사도 세자를 국왕으로 만들기 위해 상왕이 되어 수원에 내려갈 것을 준비했군요. 더불어 도시의 위상을 키우기 위해 화성을 **유수부**로 승격시키고 성곽을 쌓았군요.

채제공   그렇습니다. 전하는 화성 유수부로 확대하면서 일부러 저 같은 최고위 신하를 수령으로 임명한 것이지요. 저는 화성 유수로 내려와 장용영 외영의 책임도 맡고 상업과 농업을 활성화시키는 다양한 정책을 만들었습니다.

이대로 변호사   그런 정책을 어떻게 하려고 한 것이죠?

채제공   전하는 새로운 정책들을 화성에서 실험한 이후 성공하면 그것을 전국에 보급하여 백성들이 행복하고 부유하게 살게 하려고 했습니다. 그것이 바로 화성이라는 도시가 하고자 했던 일입니다.

이대로 변호사   그렇다면 화성은 노론의 세력을 제거하기 위한 도시가 아니었군요!

채제공이 대답을 하려는 순간 정순 왕후와 법정의 노론 세력들이 웅성웅성하며 야유를 보냈다. 판사가 제지하려 하자 김딴지 변호사가 판사에게 발언권을 요청하였다.

김딴지 변호사　　판사님, 증인의 답변은 엉터리입니다. 제가 증인에게 몇 가지 물어볼 말이 있습니다. 허락하여 주십시오.

판사　　지금 피고 측 변호인이 증인을 신문하고 있는데 그것은 결례일 것 같습니다. 어떻게 생각하십니까, 이대로 변호사?

이대로 변호사　　제가 증인에게 몇 가지 더 질문이 있습니다만, 저희 증인과 피고가 한 점 부끄러울 것이 없으니 원고 측 변호인의 질문을 받도록 하겠습니다.

김딴지 변호사　　고맙습니다. 이렇게 이대로 변호사가 양해를 해 주

『화성성역의궤』

의궤란 의례를 갖추어 궤에 보관
한다는 의미로 왕실 행사의 처
음부터 끝까지 기록한 보고서예
요. 『화성성역의궤』는 화성 축성
의 모든 것을 기록한 보고서로
그림과 글로 정리하여 금속 활자
로 간행했어요. 조선 왕조 의궤
중에서 가장 뛰어나다는 평가를
받고 있지요.

시다니 참으로 훌륭한 변호사이군요. 증인은 너무 거짓 증언을 하고 있습니다. 화성은 노론 세력을 제거하기 위해 만든 것입니다. 그래서 당시 많은 신하들이 화성 축성을 반대한 것 아닙니까?

채제공 물론 전하가 노론 세력을 제거하려는 것이라고 하면서 반대하는 신하들이 있기는 있었습니다. 하지만 그들이 잘못 알고 있었고 나중에는 어떠한 이야기도 없었습니다.

김딴지 변호사 그래요! 좋습니다. 그렇다면 화성 축성이 끝나고 만든 보고서인 『화성성역의궤』에 있는 "화성을 축성한 이유는 현륭원을 보호하고 화성 행궁을 호위하기 위함이다"라는 피고의 말은 무엇을 뜻하는 것입니까? 이 말이야말로 화성 축성을 해서 국왕 자신을 보호하면서 노론을 제거하겠다는 것 아닌가요?

채제공 그것은 정말 오해입니다. 사실 우리 전하는 당신들 노론 벽파 세력 때문에 동궁 시절을 포함해서 국왕이 되어서까지 약 10여 차례 죽음의 위기를 겪은 분입니다. 더구나 이분이 백성을 위한 개혁 정치를 하려고 하니 당신들이 끊임없이 반대를 하지 않았습니까? 그래서 전하는 상왕이 되어 이곳 화성에서 좋은 정책을 만들려고 하신 것이지요. 그런 분을 당신들이 시해할 수도 있으니 성곽을 쌓은 것은 너무도 당연한 것 아니겠어요?

김딴지 변호사 판사님! 채제공의 이 말은 결국 화성이 정조의 친위 도시라는 것을 증명하는 것입니다. 저는 이상으로 질문을 마치겠습니다.

판사　자! 원고 측 변호인의 질문이 마무리되었으니 피고 측 변호인도 증인에 대한 질문을 마무리해 주세요.

이대로 변호사　저도 마지막 질문을 하도록 하겠습니다. 증인, 피고가 화성을 쌓은 이유가 무엇인지 말한 적이 있습니까?

채제공　전하는 돌아가시기 28일 전에 화성에 대한 자신의 꿈을 말씀하셨다고 합니다. "백성들이 모두 행복하게 살기 위해서는 오랫동안 있어 왔던 나쁜 제도들을 없애야 한다. 그러기 위해서 화성에서 새로운 정책을 만들고 그것을 실험해서 성공하게 되면 전국의 모든 고을에 보급하여 백성들을 행복하게 만들어 주어야 한다. 이것이 내가 화성을 만든 이유다"라고요. 저는 전하의 진정한 뜻을 알고 있습니다. 전하가 자기와 다른 생각을 가진 사람들을 모조리 없애고 자기만의 생각으로 나라를 다스리기 위해 화성을 만들었다는 것은 정말 말이 안 되는 이야기입니다. 그것은 전하를 욕되게 하는 것입니다.

이대로 변호사　네. 감동적인 증인의 말씀을 잘 기억하겠습니다. 이상입니다.

판사　지금까지 세 번에 걸친 법정 진술과 논의가 있었습니다. 잠시 휴정한 후 원고와 피고의 최후 진술을 듣겠습니다.

화성은 왜 세계 문화유산이 되었을까?

화성은 어떤 특별한 이유가 있어서 세계 문화유산이 된 것일까요? 그것은 화성이 매우 뛰어나고 아름다우며 백성을 사랑하는 정신이 담겨 있기 때문입니다.

세계 문화유산을 심사하고 결정하는 세계유산위원회 집행이사회는 "화성은 동서양을 망라하여 고도로 발달된 과학적 특징을 고루 갖춘 근대 초기 군대 건축물의 뛰어난 모범이다"라고 하였습니다.

화성을 세계 문화유산으로 추천하고 조사한 국제기념물유적협회는 "화성은 18세기 군사 건축물을 대표하며 유럽과 극동아시아의 성곽 쌓는 방식의 특징을 통합한 독특한 역사적 중요성을 지니고 있다"고 하였습니다. 그리고 유네스코 심사 위원으로 화성을 방문한 스리랑카 실바(Nimal De Silva) 교수는 "화성의 역사는 불과 200년밖에 안 됐지만 성곽의 건축물이 동일한 것이 없이 각기 다른 예술적 가치를 지니고 있다는 것이 특징이다"라고 하였습니다. 이와 함께 심사 위원들은 정조 대왕이 화성을 축성할 당시 백성들에게 일한 만큼의 돈을 주고 거중기와 같은 과학적 기계를 이용하여 다치지 않게 하고자 했던, 백성을 사랑하는 마음에도 높은 평가를 주었습니다. 이처럼 실용적이고 아름다운 성곽, 그리고 백성을 위한 정신이 화성을 세계 문화유산으로 지정하게 만든 것입니다.

다알지 기자

오늘로 원고 정순 왕후와 피고 정조 대왕의 재판이 모두 끝났습니다. 오늘 펼쳐진 마지막 재판은 그야말로 국제적인 재판이었습니다. 임진왜란의 주역인 일본의 도요토미 히데요시와 미국의 프랭클린 루스벨트 대통령까지 증인으로 나왔기 때문입니다. 이들은 각각 화성 축성에 대한 생각을 증언하였습니다. 도요토미 히데요시는 성곽 축성이 왕권 강화를 위한 것이지 백성을 위한 것이 아니라는 의견을 내세워 정조의 화성 건설을 비판하였습니다. 그러나 루스벨트는 미국이 어려운 시절에 테네시 강의 댐을 건설하면서 뉴딜 정책을 추진하여 경제를 회생시켰듯이 화성 축성 역시 조선의 경제를 회복시키고 백성의 삶을 안정시키는 데 중요한 역할을 했다고 증언하였습니다. 이렇듯 화성 축성과 관련해 다양한 의견이 있습니다. 그럼 이번 재판의 두 주인공을 직접 모시고 이야기를 나눠 보겠습니다. 재판을 마친 소감이 어떠신지요?

정순 왕후

이번 재판을 통해 정조가 어떤 국왕인지 밝혀진 것 같습니다. 우리 김딴지 변호사가 잘 설명하였듯이 정조는 백성을 위한 군주가 아니었습니다. 오로지 자신의 복수를 위해 살아간 국왕이었습니다. 명분은 백성들을 위한 것이지만 속내는 자신을 위한 것이었지요. 그래서 이중인격자인 것입니다. 그가 조선의 전통적인 정치질서인 국왕과 신하들의 공동 통치를 무시하고 왕권을 강화하고 신하들을 억누르는 정치를 하려고 해서 조선이 훗날 망하게 된 것입니다. 이번 재판을 통해 나에 대한 오해와 정조에 대한 잘못된 판단이 올바르게 정리되기를 희망합니다.

왜 정조는 화성을 쌓았을까?

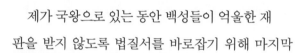

정조

　제가 국왕으로 있는 동안 백성들이 억울한 재
판을 받지 않도록 법질서를 바로잡기 위해 마지막
세 번째 재판은 제가 했습니다. 그리고 그 결과를 『심리록』이란 책으로
남겨 놓았습니다. 재판은 늘 공정해야 합니다. 저는 이번 재판이 공정
한 가운데 원고와 피고가 진술했다고 생각합니다. 그렇지만 원고의 의
견은 저에 대한 잘못된 생각을 바탕으로 이루어진 것이라고 생각합니
다. 저는 국왕으로 백성들을 위한 생각만 했습니다. 어떻게 하면 백성
들이 부유해지고 나라가 발전하며, 외세에 침략당하지 않는 자주적인
나라를 만들 것인가를 고민했습니다. 그 속에서 저의 여러 가지 정책
이 나온 것입니다. 그 점을 모든 백성들이 알아주었으면 합니다.

정조는 자신의 왕권을 강화하고 신하들을
억눌러 조선의 정치를 망친 장본인입니다
VS
나, 정조는 한평생 백성을 위한 나라를
만들기 위해 모든 노력을 아끼지 않았습니다

판사   양측 모두 휴식 시간 동안 생각을 정리해 보셨는지요? 최후
진술은 이 재판에서 마지막으로 생각을 말할 수 있는 기회입니다.
그런 만큼 신중하게 해 주세요. 그러면 어느 쪽부터 하시겠습니까?

정순 왕후   판사님, 저부터 하겠습니다. 존경하는 판사님, 배심원
여러분, 그리고 방청객 여러분! 오늘 저는 역사적인 법정에서 최후
진술을 하게 되었습니다. 저는 15세의 어린 나이에 50살 차이가 나
는 영조 임금을 만나 백성들의 국모로 살았습니다. 그리고 영조 임금
이 돌아가시고 대왕 대비로 손자인 정조를 도와주면서 왕실의 최고
어른으로 살았습니다. 저는 자식을 낳지 못해서 사도 세자를 친아들
로, 그리고 정조는 친손자로 생각하며 살았습니다. 그런데도 불구하
고 수많은 사람들은 제가 노론 벽파의 이익을 위해 사도 세자를 죽였

고, 정조를 반대하는 세력의 우두머리라고 이야기합니다. 정조 시대에 대한 소설이나 드라마 혹은 영화에 이르기까지 저의 진실은 하나도 드러나지 않고 오로지 권력욕에 빠진 악녀로 묘사되었습니다. 이 잘못된 묘사가 저에 대한 올바른 평가를 가로막은 것입니다. 더불어서 저는 악녀이고 정조는 백성을 위한 개혁 군주라는 평가를 받게 되었습니다. 모든 사람들이 정조를 세종과 더불어 조선의 명군이라고 이야기하면서 진정 백성을 위한 군주는 정조였다고 이야기하고 있습니다.

한 사람은 나쁜 인간이 되고 다른 한 사람은 좋은 인간의 표본이 되었습니다. 그러나 이는 정말 잘못된 것입니다. 정조는 우리가 알고 있는 백성을 위한 군주가 아니었습니다. 그는 자신의 아버지 사도 세자의 원수를 갚기 위해 왕권을 강화하는 일에만 진력하였습니다. 그가 했던 모든 정책들이 겉으로는 백성을 위한 것이라고 하지만 실제 속내는 전혀 달랐습니다. 국왕과 신하들이 서로 논의하며 나라를 다스리던 정치 방법을 없애고 국왕의 생각대로만 정치를 하려고 했습니다. 이조 전랑과 중앙 오군영 대장들이 후임자를 천거하던 자천제도 없애 버리고 본인의 의지대로 했습니다. 이로써 서로의 존중과 자율성이 사라지게 되었습니다. 거기에 더해 새로운 군대인 장용영을 만들어 신하들을 억누르려 하였습니다. 이는 이전의 국왕들이 하지 않았던 독재입니다. 조선은 그런 나라가 아니었습니다. 그래서 이번 재판에서는 정조의 본심과 그의 독재성의 진실을 밝히는 것이 저의 생각이었고, 여러 훌륭한 증인들이 나와 그것을 증명하였습니다. 이제 정조에 대한 새로운 진실이 후세 사람들에게 알려질 것이라 확신합니다.

지금까지 나의 변호를 맡아 주신 김딴지 변호사와 재판을 균형 있게 주관해 주신 판사님께 감사드리며, 나 정순 왕후의 최후 진술을 이것으로 마칠까 합니다. 여러분, 감사합니다.

정조 존경하는 판사님, 그리고 이 자리에 계신 배심원과 방청객 여러분, 피고 정조입니다. 제가 오늘 이 자리에서 최후 진술을 하게 되리라고는 200여 년 전 죽어서 저승에 간 이후 단 한 번도 생각해 본 적이 없습니다. 하지만 오늘 저는 이 자리에 서 있습니다. 처음 원고인 할머니 정순 왕후가 저를 고소하여 재판이 개최된다고 하였을 때 정말 어이없다고 생각하였습니다. 그러다가 나 자신에 대해 생각해 보았습니다. 이 재판이 열린 것은 내가 할머니인 정순 왕후에 대해 진정한 효행을 하지 못해서였습니다. 결국 나의 문제였던 것입니다.

그럼에도 불구하고 저는 진실을 이야기하고 싶습니다. 제가 왕권을 강화하고자 하는 생각을 가진 것은 사실입니다. 그러나 그것은 아버지의 원수를 갚고 독재를 하기 위해서가 아니었습니다. 저는 즉위하고 나서 정말 원수를 갚고 싶었지만 그렇게 하지 않았습니다. 대부분의 사람들을 용서하고 그들과 함께 정치를 하려고 노력했습니다. 이 자리에 있는 모든 분들은 다 알고 계실 것입니다. 저는 백성들의 경제적 어려움을 해결하고 모든 사람들이 행복하게 살기를 원하였습니다. 그래서 스스로 모범을 보이기 위해 하루에 식사도 두 끼밖에 하지 않았고 옷도 비단옷을 걸치지 않았습니다. 조선의 학문을 발전시키기 위해 저 자신이 엄청난 공부를 했습니다. 제가 이렇게까지 노력한 것은 모두 백성을 위하고자 한 것입니다. 당시 관리들은 국왕도 우습게 알았습니다. 국왕이 하고자 하는 일을 교묘하게 틀어 버렸습니다. 제 아버지 사도 세자가 뒤주에 갇혀 죽은 것을 보세요. 자신들의 마음에 들지 않는다고 왕세자를 죽였던 사람들이 바로 신하들이요, 과거를 통해 조정에 들어온 사대부들이었습니다. 그러니 아무런 힘도 없는 백성들에 대해서는 어떻게 대하였겠습니까? 그래서 저는 제가 생각하는 올바른 개혁 정책을 추진하기 위해 제 자신의 왕권을 되찾고 싶었던 것입니다. 그리고 저는 한 점 부끄러움 없이 백성들을 위해 제 모든 것을 바쳤다고 생각합니다. 이러한 저의 진실을 모든 사람들이 알아줄 것이라 생각합니다.

저의 변호를 맡아 준 이대로 변호사와 재판을 차분하게 이끌어 주신 판사님, 그리고 배심원 여러분과 방청객 여러분, 모두 감사합니다. 이것으로 최후 진술을 마치고자 합니다.

역사공화국 한국사법정 재판 번호 39 정순 왕후 vs 정조

주문

정조가 규장각을 만들고 장용영을 만든 것에 대하여 반대 의견을 이야기한 원고의 의견도 인정될 것이 있지만 이 두 기관이 조선의 개혁을 위해 만들어진 것이 인정된다. 신도시 화성 건설이 신하들을 억누르고 왕권을 강화하기 위해 만든 것이라는 원고의 생각도 일리가 있지만 화성 건설이 조선을 개혁하기 위한 정책이었다고 말할 수 있다.

판결 이유

첫째, 피고가 학문을 육성하기 위한 왕실 도서관으로 규장각을 만든 것과 국방을 강화하고 표준 무예를 완성하기 위해 장용영을 설치한 것은 중요한 개혁 정책이라고 판단된다. 실제 이 두 기관은 그 역할을 충분히 수행하였다. 다만 규장각 고위 관리들과 젊은 초계문신 그리고 서얼 출신 검서관 등을 피고 자신의 측근들로 임명하고 자신을 따르게 만들려고 한 점이 인정된다.

둘째, 피고가 만든 신도시 화성은 조선을 개혁하기 위한 새로운 변화의 도시이자 조선의 농업과 상업 그리고 국방의 중심 도시로 인정된다. 신도시 화성의 건설로 국가 경제력이 파탄 나서 조선이 망할 원

인을 제공하였다는 원고의 주장은 사실이 아니다. 오히려 화성 건설을 통하여 많은 백성들이 급여를 받고 일하게 되어 경제적 안정을 이룰 수 있었다. 또한 아름다우면서도 튼튼한 성곽을 쌓아 후세에 세계 문화유산으로 지정되어 정조 시대 문화를 빛낸 공로는 매우 크다. 다만 원고가 제기한 친위 도시를 만들어 왕권을 강화하고자 했다는 것에는 인정할 부분이 있다.

결론적으로 원고가 제기한 피고가 신하들을 억누르고 독재 정치를 하여 조선을 망가뜨렸고 백성을 위한다는 거짓말로 백성들을 속였다는 주장은 사실과 부합되지 않는다. 백성을 위한 개혁 정치를 하고 싶었던 피고가 신하들을 자신의 의도대로 따르게 하기 위해 정책을 시행한 것이라고 판단해야 한다. 원고는 스스로 왕실의 어른으로 국왕인 피고를 도왔다고 이야기하지만, 여러 기록을 보면 정치에 깊숙이 관여하고 노론 벽파 세력을 뒤에서 조종했다는 의심을 받기에 충분하다.

그리하여 본 법정은 다음과 같이 판결한다. 당분간 두 사람은 지정 장소에서 머물며 함께 생활한다. 그리고 함께 여행을 떠나 많은 이야기를 나누면서 서로를 이해하기 위한 노력을 하도록 하라. 그리하여 두 사람이 대화를 통해 합의를 이루면 본 법정은 그 합의를 최대한 참작하여 최종 판결에 반영하겠다.

역사공화국 한국사법정 담당 판사 공정한

"왜 할머니와 나는 서로의 상처를
위로해 주려고 하지 않았을까요"

화창한 토요일, 서울을 한 눈에 내려다볼 수 있는 인왕산에 등산객이 가득하다. 그중 혼자 투덜투덜대며 산에 오르는 사람이 있는데 가만히 보니 김딴지 변호사다.

"헉헉, 아니 인왕산 오르는 것이 왜 이렇게 힘든 거야?"

김딴지 변호사는 땀을 비 오듯 쏟으며 혼자 중얼중얼대고 있다. 이번 정순 왕후와 정조의 재판이 마음에 들지 않았다. 본인 역시 정순 왕후를 만나기 전에는 정조에 대해 상당한 호감이 있었는데 그녀를 만나고 나서 정조의 위선을 벗겨야겠다고 생각했었다. 그래서 최선을 다해 재판을 했는데 배심원과 판사가 최종 결정을 내리지 않고 두 사람에게 여행을 떠나라고 권고했다. 김딴지 변호사는 그것이 마음에 들지 않았다. 실제 판사의 판결문은 정조를 재판의 승리자로 인정한 것이기 때문이었다.

"정조가 뭐 그리 잘난 국왕이야! 그래, 세종이 최고야, 최고!"

어렵게 인왕산 정상에 오르니 바로 앞에 경복궁도 보이고 조금 왼편으로 창덕궁과 창경궁도 보였다. 그리고 오른편으로 경희궁과 조금 떨어져 있는 덕수궁도 보였다.

"여기에 오르니 저 5대 궁궐들이 한눈에 보이는구나. 저곳에서 국왕과 왕실 가족들이 살았구나!"

김딴지 변호사는 그동안 인왕산에 한 번도 올라오지 못했었다. "에구 에구, 내가 미리 여기에 올라왔었으면 그들을 더 잘 이해해서 멋진 변호를 했을 텐데, 왜 진작 올라오지 않았지?"

김딴지 변호사는 자신의 머리를 치며 후회를 했다. 그 순간 어제 읽은 정조의 편지가 생각났다. 그리고 갑자기 가슴이 아프고 눈물이 날 것 같았다.

김딴지 변호사님,

안녕하십니까? 정조입니다.

그간 재판을 진행하시느라 고생이 많으셨습니다. 저와는 반대편에 계셨지만 변호사님의 열정과 재판에 임하시는 자세에 감동받았습니다.

저는 지금 서산의 할머니 생가에 와 있습니다. 판사님께서 할머니와 제가 함께 여행을 떠나라고 판결을 해 주셔서 지금 여행 중입니다.

할아버지 영조 대왕이 묻힌 원릉과 함께 동구릉을 다녀왔습니다.

동구릉에 계신 여러 국왕과 왕비들에게 인사도 올렸습니다. 태조 대왕께서 저희 둘이 인사를 올리니 무척 기뻐하시더라고요. 나라가 잘되고 백성들이 잘되려면 먼저 왕실이 잘돼야 한다고 하셨어요. 백번 맞는 말씀이라고 생각합니다. 정말 그랬어야 했는데 우리는 그러지 못했던 것 같습니다. 동구릉을 나와 화성을 갔습니다. 할머니도 처음 오는 것이라고 하시더군요. 결혼하고 한 번도 도성을 나온 적이 없어서 화성을 볼 기회가 없었다고 하시더군요. 아주 멋진 성곽이라고 감탄을 하셨어요. 하긴 잘 만들었으니까 세계 문화유산이 되었겠죠. 할머니가 좋아하셔서 저도 기뻤습니다. 화성을 보고 융릉에 갔어요. 할머니가 깜짝 놀라시더군요. 자신에게는 아들과 며느리가 되는 사도 세자와 혜경궁 홍씨가 장조와 헌경 왕후로 승격되어 현륭원의 이름이 융릉이 된 것에 대해 너무 놀라워하셨어요. 조심스럽게 제게 누가 이렇게 해 준 것이냐고 묻기에 26대 국왕인 고종이 해 주었다고 하니 고개를 끄덕끄덕하시더군요. 더 이상 아무 말씀도 안 하셨지만 두 사람과 이제 화해하고 싶은 생각을 가지셨던 것 같아요. 그리고 마지막 여행지로 충남 서산에 있는 할머니가 태어난 생가에 왔어요. 이곳에서 한참을 우시더군요. 자신이 이곳에서 어린 시절 꿈 많은 소녀 시절을 보냈다고 하시면서요. 그리고 오늘 이 집에서 하룻밤 자기로 했습니다. 저는 할머니를 주무시게 하고 변호사님께 편지를 쓰는 것입니다.

할머니와 여행하면서 아쉬운 생각이 많이 들더군요. 우리가 서로를 조금 더 이해하였으면 아마도 더 좋은 조선을 만들었을 텐데

하는 아쉬움 말입니다. 생각해 보면 할머니도 참 불행한 분이에요. 15세에 자신보다 50살이 많은 남편을 만나 제대로 사랑도 못해보았죠. 자신보다 나이가 열 살이나 많은 아들과 며느리를 만났으니 그 또한 불행이었죠. 아무리 왕실이라 하더라도 인간인 이상 어쩔 수 없었겠죠. 세자가 자신에게 잘해 준 것도 아니었고 당파를 생각하는 것도 달랐겠죠. 자신의 가족이 왕비가 되었으니 그 친척들이 얼마나 관직을 달라고 청탁을 했겠어요. 그러다가 할아버지인 영조가 돌아가시고 홀로 대왕대비가 되었으니 그 고독한 처지가 어땠겠어요.

저 역시 11세의 나이에 아버지가 돌아가시는 것을 목격하고 어머니와 떨어져 3년을 살아야 했어요. 그때 매일매일 어머니가 보고 싶었지만 왕실을 위해 제가 참으면서 생활을 했어요. 주변의 궁녀들과 내시들이 매일같이 저를 감시했고 아버지를 죽인 세력들이 저 역시 죽일 것이라는 생각을 했어요. 그러니 제가 왕이 될 때까지 얼마나 고통스러웠겠습니까?

상처를 가지고 있는 우리 두 사람이 서로를 조금 더 이해하고 도와주었으면 백성을 위해 더 좋은 정책을 많이 만들어 낼 수 있었을 텐데 하는 아쉬움이 많이 남습니다.

그렇지만 저는 변호사님께 드리고 싶은 말이 있습니다. 제가 왕노릇을 하면서 진정 제 개인을 위해 살지는 않았습니다. 물론 때때로 신하들을 윽박지르기도 하고 제 정책을 실현해야 한다고 고집도 부렸지만 이는 진정 백성을 위해 하려고 했던 것입니다. 당시 나라의 경제가 너무 어려웠고 당파 싸움이 심했기 때문에 국왕의 권한이 강화되어 국왕 중심으로 나라가 운영되지 않으면 더욱 어려운 상황이 될 것이라고 저는 생각했어요. 그래서 더 열심히 공부하고 노력했습니다. 그 과정에서 할머니와 더 많은 이야기를 하고 논의를 했어야 했는데 그렇게 하지 못해 안타깝습니다.

아무튼 변호사님의 열정과 논리적 주장에 깊은 공감을 표합니다. 제가 또 재판을 하게 될지 모르겠지만 그런 일이 생긴다면 꼭 변호사님을 모시고 싶습니다. 그럼 늘 건강하시기를 기원합니다!

정조 드림

정조의 편지를 떠올린 김딴지 변호사는 왠지 정조에게 연민의 정을 느끼게 되었다. 조선의 명군으로 인정받는 정조가 저런 깊은 상처가 있었구나, 그러면서도 원고인 정순 왕후 역시 가여운 사람이구나 하는 생각이 들었다.

'자! 이제 인왕산을 내려가야겠다. 그래, 그 정도면 정조는 괜찮은 국왕이야. 뭐, 재판에서 진 것 같아도 정조를 제대로 알게 되어 다행이야. 그렇지만 정순 왕후는 정말 안됐어. 영조가 저승에서 사랑을 많이 해 주고 있을까? 내가 그런 생각 할 때가 아니지. 나나 잘해야지!'

김딴지 변호사는 어제도 아내에게 혼이 났다. 매일같이 일에 파묻혀 사느라 집에 늦게 들어오고 가족들을 전혀 신경 쓰지 않는다고 말이다.

'그래, 가정이 제일 중요한 것이야. 집안이 평안해야 모든 일을 잘할 수 있어. 가화만사성이야.'

인왕산을 내려와 곧장 집으로 가니 예쁜 딸이 반기며 얼굴에 뽀뽀를 해 주었다.

"아빠! 재판하느라 많이 힘들지?"

김딴지 변호사는 활짝 웃으며 딸을 끌어안으면서 생각했다. 더 열심히 노력해서 다음 재판에서는 반드시 이길 것이라고……

수원 화성의 모든 것을 알아볼 수 있는
수원 화성 박물관

정조가 세운 수원 화성. 많은 기술이 합쳐져 만들어진 수원 화성은 여러 가지 이야기를 간직한 곳이자 세계 문화 유산으로 지정된 우리 문화이기도 하지요. 수원 화성에 대해 보다 자세히 알아볼 수 있는 곳이 바로 수원 화성 박물관입니다.

2009년 4월에 개관한 수원 화성 박물관의 1층에는 기획 전시실, 어린이 체험실, 영상 교육실 등이 있는데, 어린이 체험실에서는 프로타주, 퍼즐 체험, 거중기와 녹로 움직여 보기 등의 체험이 가능합니다.

박물관 2층에는 화성 축성실과 화성 문화실, 옥상 전망대가 있는데, 화성 축성실은 화성의 축성 과정을 전반적으로 보여 주는 공간입니다. 이곳에 가면 화성에 행차할 때 정조가 입었던 황금 갑옷, 수원 화성을 만든 과정이 적혀 있는『화성성역의궤』등을 볼 수 있지요. 그리고 화성 문화실에서는 정조가 행차할 때 거행한 다양한 행사에 대해 알 수 있고, 정조의

1층의 기획 전시실

2층의 화성 축성실

개혁 정치의 든든한 뒷받침이 되었던 장용영의 실체에 대해 알 수 있습니다. 또한 옥상 전망대에 가면 서장대, 화성 행궁 등 실제 화성의 모습을 조망해 볼 수 있습니다.

　수원 화성 박물관에는 실내 전시 공간 외에도 볼거리 많은 야외 전시 공간이 있는데, 야외에 가면 정조, 수원 화성과 관련된 많은 전시물을 실제로 볼 수 있습니다. 정조의 태를 보관한 정조 태실, 정약용이 도르래의 원리를 이용하여 만든 거중기, 사각의 나무틀 네 귀퉁이에 바퀴를 달아 동아줄을 묶어 쓰는 운반 도구인 동차 등을 실물 크기로 복원 전시한 것을 볼 수 있지요.

찾아가기 　주소　　　경기도 수원시 팔달구 창룡대로 21
　　　　　　관람시간　9:00~18:00 (매주 월요일 휴관)
　　　　　　문의　　　031) 228-4242
　　　　　　참고　　　hsmuseum.suwon.go.kr

『역사공화국 한국사법정 39 왜 정조는 화성을 쌓았을까?』와 관련한
논술 문제를 풀어 봅시다.

※ 다음 제시문을 읽고 물음에 답하시오.

사도 세자의 묘를 수원으로 옮긴 정
조는 서울이 아닌 수원에 화성을 짓고
자 하였고, 그 일을 실학자인 다산 정약
용에게 맡겼습니다. 수원은 서울과 남
쪽을 연결하는 교통의 요지이자 상업
활동을 위한 도시였지요. 10년을 예상
했던 공사는 놀라운 속도로 진행되어
2년 9개월 만에 끝났지요. 정약용이 거
중기와 같은 새로운 도구를 만들어 사
용하였기 때문에 가능한 일이었습니다.

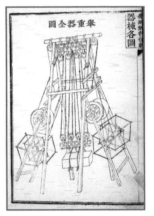

『화성성역의궤』에 실린 거중기
그림

정약용은 수원 화성을 상업적 기능과 군사적 기능을 동시에 수행
할 수 있는 형태로 만들었습니다. 평상시에는 거주할 수 있게 하고
전쟁이 나면 방어도 할 수 있게 만든 것이지요. 그래서 수원 화성 성
벽의 허리를 잘록하게 쌓아 적이 쉽게 성벽을 타고 오를 수 없도록
하는 등 다양한 방어 시설이 갖추어져 있습니다.

1. 앞의 글은 수원 화성과 관련된 내용입니다. 정조가 왜 수원에 화성을
   세우게 하였는지에 대해 추측하여 쓰시오.

※ 다음 제시문을 읽고 물음에 답하시오.

(가) 정조는 붕당에 휘둘리지 않고 정치를 하기 위해서는 왕권이 강
    해야 한다고 생각했습니다. 그래서 국왕 호위 군대인 장용영을
    만들었지요.

(나) 금난전권은 육의전을 포함한 시전 상인이 누리던 강력한 특권
    으로, 난전을 금지할 수 있는 권리를 말합니다. 하지만 금난전

권은 상업의 발달을 막는 이유가 되기도 했지요. 그래서 정조는 금난전권을 폐지시킵니다.

(다) 정조는 규장각을 세워 학문을 장려하고 새로운 정책을 연구하는 일에 힘을 쏟았습니다. 규장각에서는 역대 국왕들의 글이나 친필, 시문 등을 보관하고 많은 서적을 만들었지요.

2. (가)~(다)는 정조 대에 이루어진 정책에 관한 내용입니다. (가)~(다) 중 가장 중요하다고 생각하는 정책을 이유와 함께 쓰시오.

왜 정조는 화성을 쌓았을까?

해답 1 정조는 비극적으로 죽은 사도 세자를 그리는 마음이 컸던 동시에 왕권을 강화하고자 하는 의지가 강했습니다. 그래서 왕권을 강화하려면 새로운 정치 공간을 만들어야 한다고 생각했지요. 그런데 그러기 위해서는 수도인 서울보다는 새로운 도시를 건설하는 게 효과적이라고 판단했습니다. 상업과 교통의 요지이자 사도 세자의 묘도 가까이 있는 수원이야말로 정조의 이상을 실현시켜 주기에 적합한 곳이었지요. 그래서 수원에 화성을 세우게 한 것입니다.

해답 2 (가)는 왕권 강화를 위해 장용영을 만든 것에 대한 내용이고, (나)는 금난전권을 폐지시켜 상업을 발달시킨 내용이고, (다)는 규장각을 세워 새로운 정책을 연구한 것에 대한 내용입니다. (가)~(다) 모두 정조의 개혁 정치와 관련된 것이지만, 그중에서도 가장 중요한 정책은 (나)라고 생각합니다. 당시 나라에서는 금난전권으로 시전 상인과 육의전에만 장사를 허락하고 그들에게서 세금을 받고 있었는데, 이럴 경우 많은 힘없는 난전 상인들이 몰락할 수밖에 없었지요. 어려운 난전 상인을 살리고 조선의 상업을 발달시키기 위해서 금난전권은 꼭 폐지해야 되는 특권이었습니다.

* 해답은 예시로 제시된 내용입니다.

ㄱ

거중기 105

검서관 65

경장대고 62

경희궁 존현각 40

교지 36

군포 94

『기기도설』 117

ㄴ

노론 36, 39

녹로 104

뉴딜 정책 115

능지처참형 86

ㄷ

당상관 52

대공황 115

대교 69

대리청정 35

대비 36

도승지 139

ㅁ

만천명월주인옹 44

면포 94

『명의록』 39

『무비지』 117

ㅂ

벽파 50

붕당 정치 30

비밀 어찰 131

ㅅ

삼전도 62, 63

상왕 135

세자빈 35

시전 137

ㅇ

양경 체제 135

양로연 131

양제 46

여군주 40

연임 114

옹주 37

왕세손 35

유수부 142

인조반정 84

ㅈ

『정조 행장』 39

정후겸 51

주상 129

ㅊ

천도 137

청요직 77

추존 141

ㅋ

쿠데타 71

ㅌ

탕평 75

탕평책 50

투호 72

ㅍ

패관 문학 81

8폭 병풍 132

ㅎ

혜경궁 35

홍인한 51

홍재 44

『화성성역의궤』 144

효의 왕후 52

효장 세자 45, 48

훈련도감 82, 83

역사공화국 한국사법정 39
왜 정조는 화성을 쌓았을까?

© 김준혁, 2011

초 판 1쇄 발행일 2011년 8월 6일
개정판 1쇄 발행일 2014년 4월 23일
개정판 6쇄 발행일 2023년 5월 1일

지은이   김준혁
그린이   이남고
펴낸이   정은영

펴낸곳   (주)자음과모음
출판등록   2001년 11월 28일 제2001-000259호
주소   10881 경기도 파주시 회동길 325-20
전화   편집부 (02) 324-2347 경영지원부 (02) 325-6047
팩스   편집부 (02) 324-2348 경영지원부 (02) 2648-1311
이메일   jamoteen@jamobook.com

ISBN 978-89-544-2339-7 (44910)

개정판 + 신판

과학자가 들려주는 과학 이야기 (전 130권)

정완상 외 지음 | (주)자음과모음 | 이메일 soseries@jamobook.com

위대한 과학자들이 한국에 착륙했다!
어려운 이론이 쏙쏙 이해되는 신기한 과학수업,
〈과학자가 들려주는 과학 이야기〉 개정판과 신간 출시!

〈과학자가 들려주는 과학 이야기〉 시리즈는 어렵게만 느껴졌던 위대한 과학 이론을 최고의 과학자를 통해 쉽게 배울 수 있도록 했다. 또한 지적 호기심을 자극하는 흥미로운 실험과 이를 설명하는 이론들을 초등학교, 중학교 학생들의 눈높이에 맞춰 알기 쉽게 설명한 과학 이야기책이다.
특히 추가로 구성한 101~130권에는 청소년들이 좋아하는 동물 행동, 공룡, 식물, 인체 이야기와 최신 이론인 나노 기술, 뇌 과학 이야기 등을 넣어 교육 과정에서 배우고 있는 과학 분야뿐 아니라 최근의 과학 이론에 이르기까지 두루 배울 수 있도록 구성되어 있다.

★ 개정신판 이런 점이 달라졌다! ★

첫째, 기존의 책을 다시 한 번 재정리하여 독자들이 더 쉽게 이해할 수 있게 만들었다.
둘째, 각 수업마다 '만화로 본문 보기'를 두어 각 수업에서 배운 내용을 한 번 더 쉽게 정리하였다.
셋째, 꼭 알아야 할 어려운 용어는 '과학자의 비밀노트'에서 보충 설명하여 독자들의 이해를 도왔다.
넷째, '과학자 소개·과학 연대표·체크, 핵심과학·이슈, 현대 과학·찾아보기'로 구성된 부록을 제공하여 본문 주제와 관련한 다양한 지식을 습득할 수 있도록 하였다.
다섯째, 더욱 세련된 디자인과 일러스트로 독자들이 읽기 편하도록 만들었다.

철학자가 들려주는 철학 이야기 (전 100권)

서정욱 외 지음 | (주)자음과모음 | 이메일 soseries@jamobook.com

아이들의 눈높이에 맞춘 철학 동화!
책 읽는 재미와 철학 공부를 자연스럽게 연결한 놀라운 구성!

대부분의 독자들이 어렵게 느끼는 철학을 동화 형식을 이용해 읽기 쉽게 접근한 책이다. 우리의 삶과 세상, 인간관계에 대해 어려서부터 진지하게 느끼고 고민할 수 있도록, 해당 철학 사조와 철학자들의 사상을 최대한 풀어 썼다.

이 시리즈의 가장 큰 장점은 내용과 형식의 조화로, 아이들이 흔히 겪을 수 있는 일상사를 철학 이론으로 해석하고 재미있는 이야기로 담은 것이다. 또한 아이들의 눈높이에 맞는 쉽고 명쾌한 해설인 '철학 돋보기'를 덧붙였으며, 각 권마다 줄거리나 철학자의 사상을 상징적으로 표현한 삽화로 읽는 재미를 더한다. 철학 동화를 이끌어가는 주인공을 형상화하고 내용의 포인트를 상징적으로 표현한 삽화는 아이들의 눈을 즐겁게 만들어준다. 무엇보다 이 시리즈는 철학이 우리 생활 한가운데 들어와 있고, 일상이 곧 철학이라는 사실을 잘 보여준다. 무엇보다 자기 자신을 극복한다는 것, 인간을 사랑한다는 것, 진정한 인간이 된다는 것, 현실과 자기 자신을 긍정한다는 것 등의 의미를 아이들의 시선에서 풀어내고 있다.